Albert von Ruville

William Pitt (Chatham) und Graf Bute

Ein Beitrag zur inneren Geschichte Englands unter Georg III.

Albert von Ruville

William Pitt (Chatham) und Graf Bute
Ein Beitrag zur inneren Geschichte Englands unter Georg III.

ISBN/EAN: 9783743658660

Hergestellt in Europa, USA, Kanada, Australien, Japan

Cover: Foto ©ninafisch / pixelio.de

Weitere Bücher finden Sie auf **www.hansebooks.com**

William Pitt (Chatham) und Graf Bute.

Ein Beitrag

zur

inneren Geschichte Englands unter Georg III.

Von

Albert von Ruville,
Dr. phil.

Berlin SW.48.
Wilhelmstr. 119/120.
J. Guttentag, Verlagsbuchhandlung.
1895.

Inhalt.

	Seite
Einleitung	1
I. Politische Denkart und Charakter beider Staatsmänner	6
II. Beziehung Pitts zum Hofe des Thronfolgers unter Georg II.	20
III. Der Rücktritt William Pitts	28
IV. Amtsführung und Rücktritt des Grafen Bute	46
V. Annäherungsversuche	68
VI. Wiedererhebung William Pitts	97

Einleitung.

Es ist für den Geschichtsforscher, selbst bei reichem Quellenmaterial, gewiß äußerst schwierig, wenn nicht unmöglich, das ganze Verhalten einer historischen Persönlichkeit aus Charakter und Bestrebungen, sowie aus äußeren Einwirkungen heraus so zu erklären, daß keine Widersprüche, keine unverständlichen Actionen übrig bleiben. Wieviel unbekannte, von Personen, Ereignissen, Lectüre und anderen Dingen ausgehende Einflüsse können mitgewirkt haben, um unerwartete Handlungen hervorzurufen oder die Beschreitung völlig neuer Wege herbeizuführen. Wer alles aus den gegebenen, bekannten Thatsachen zu motiviren versuchte, würde leicht auf bedenkliche Abwege gerathen. Dennoch ist es verdächtig, wenn man bei einem bedeutenden Manne der neueren Zeit, wo die Quellen ergiebig fließen, den unbekannten Beweggründen allzuviel Spielraum lassen muß, wenn man zu vieles schlechtweg als Thorheit, Unbegreiflichkeit, Gesinnungswechsel zu bezeichnen sich gezwungen sieht, besonders wo es sich um wichtigere Willensäußerungen handelt, die lange vorbereitet waren, sich lange hingezogen oder in ähnlicher Weise wiederholt haben. In diesem Falle ist es sicherlich rathsam, sorgfältig zu prüfen, ob nicht jene scheinbar gesicherten Prämissen falsch waren, ob nicht bei veränderter Auffassung von Sinnesart und Tendenzen manche Widersprüche und Unklarheiten in Wegfall kommen könnten. Genaue und namentlich unbefangene Durchsicht der intimen Correspondenzen, falls solche vorhanden sind, kann dazu leicht die Handhabe bieten. Oftmals wird sich der Fehler darin zeigen, daß man den Männern der Vergangenheit Denkart und Anschauungen der Gegenwart imputirt oder

ihren Auslassungen einen Sinn untergeschoben hat, der ihnen fern
liegen mußte.

Ein solcher Fall scheint mir bei dem älteren William Pitt vor=
zuliegen. Bei allen englischen Autoren, die sich mit seiner Epoche
beschäftigen, finden wir die Ansicht vertreten, der große Staatsmann
habe nicht allein manche schwer erklärbare Fehler begangen, sondern
er sei auch in der zweiten Hälfte seiner politischen Wirksamkeit von
den Bahnen abgewichen, die er anfangs mit hohem Ruhme be=
schritten hatte, er sei seinen ursprünglichen Tendenzen, seinem eigensten
Wesen wiederholt untreu geworden. Pitt, so heißt es, ein eifriger
Whig und begeisterter Verfechter der Volksrechte, habe sich, gestützt
auf seine Volksbeliebtheit und seinen mächtigen oratorischen Einfluß
im Unterhaus, gegen den Willen des Monarchen zu hoher Macht=
stellung aufgeschwungen und durch glorreiche Amtsführung hervor=
gethan. Er sei nach dem Thronwechsel von 1760 durch die Intriguen
der Hofpartei gestürzt worden und habe trotzdem, unerklärlicher
Weise, von Georg III. Gunstbezeugungen in unterwürfigster Form
angenommen. Obgleich bald darauf die ihm bis dahin befreundete
Whigpartei ebenfalls verdrängt wurde, so habe er es seltsamer
Weise doch vermieden, mit ihr gemeinsam der Regierung kräftig zu
opponiren, und so die Mitschuld an dem Siege der Gegner auf sich
geladen. Als sich dann der König mit seinem neuen Ministerium
Grenville=Bedford vereinigt hatte und sich gezwungen sah, auf die
verstoßene Whigpartei zurückzugreifen, da habe Pitt den unbegreif=
lichen Fehler begangen, allen Werbungen dieser Partei zu wider=
stehen, wiewohl sie in den Hauptfragen mit ihm harmonirte und ihm
die Leitung überlassen wollte; und als kurz darauf der Hof sich
auch dieses Ministeriums zu entledigen wünschte, ohne die früheren
Rathgeber wieder zu berufen, da habe sich der große Commoner
durch Versprechungen überreden lassen, die Leitung eines zusammen=
gewürfelten Cabinets im Dienst der Krone zu übernehmen und sich
gleichzeitig der schwer erklärbaren Thorheit schuldig gemacht,
den Grafentitel zu acceptiren, der ihn dem Unterhause entriß und
seiner Popularität beraubte, also die Fundamente seiner Macht
untergrub.

Wir sehen, an verschiedenen und gerade den wichtigsten Stellen
dieser politischen Laufbahn stehen große Fragezeichen. Sollten hier

wirklich überall geheime, unfixirbare Motive, zufällige Launen, Unüberlegtheiten oder gar, wie Macaulay[1]) annimmt, krankhafte Zufälle ihre Wirkung geäußert haben? Wenn es sich um unbedeutende Dinge, rasche Schachzüge handelte, so könnten wir dergleichen wohl in Betracht ziehen, jede der fraglichen Actionen aber war wohl überlegt und lange vorbereitet oder von langer Dauer.

Aber nicht Pitt allein ist es, dessen Verhalten dem Forscher Schwierigkeiten bietet. Auch in der Handlungsweise seines Zeitgenossen und Amtsnachfolgers, des Grafen Bute, der als Günstling Georgs III. die höchsten Ehrenstellen erklomm und lange die Politik des Hofes vertrat, finden sich der herrschenden Anschauung nach mancherlei Anomalien. Für seinen plötzlichen Rücktritt, als er auf der Höhe der Erfolge stand, seine Bemühungen um Pitts Wiedereinsetzung, dessen Sturz er, jener Auffassung nach, gewollt und durchgeführt hatte, und sein schließliches Bündniß mit diesem Gegner der königlichen Prärogative und der königlichen Politik, der sich der Erhebung des Günstlings stets feindlich gezeigt hatte, ist es niemals gelungen, einleuchtende Gründe aufzufinden. Auch hier also an den entscheidenden Punkten Fragezeichen. Meine Abhandlung soll ein Versuch sein, diese Räthsel in befriedigender Weise zu lösen, oder wenigstens der Lösung näher zu führen. Der Schlüssel dazu scheint mir in den Beziehungen beider Männer zu einander zu liegen, die bisher wohl nicht richtig verstanden worden sind; die Gestaltung dieser Beziehungen aber ist das Resultat ihrer politischen Bestrebungen und staatsrechtlichen Ansichten, auf die wir demnach zuvörderst unsere Blicke zu lenken haben werden. Auch hier liegen unzweifelhaft schwerwiegende Fehler der Auffassung vor, deren Berichtigung uns zur Aufgabe fällt.

Was meine Quellen anbetrifft, so habe ich mich von der erzählenden Litteratur nach Möglichkeit emancipirt. Horace Walpoles Memoiren,[2]) das bekannteste, jene Periode behandelnde Werk eines Zeitgenossen, können auf volle historische Zuverlässigkeit keinen Anspruch machen, da sie die Ereignisse größtentheils wiedergeben, wie sie sich im

---

[1]) Macaulay, The Earl of Chatham (II). Critical and histor. Essays. S. 781.
[2]) Horace Walpole, Memoirs of the Reign of George III., ed. Sir Denis Le Marchant. London 1845.

1*

Stadt= und Parteiklatsch darstellten. Manche Incorrectheiten sind un=
schwer nachzuweisen. Seine Briefe³) haben nur wenig Ausbeute er=
geben. Glaubwürdiger sind die Memoiren Lord Waldegraves, des
Erziehers Georgs III., doch reichen sie nur bis zum Thronwechsel. Von
späteren Werken ist namentlich zu erwähnen: Adolphus' Geschichte
Englands seit der Thronbesteigung Georgs III., ein Buch, das von
dem sonst üblichen Tone bedeutend abweicht und dem viel geschmähten
Grafen Bute im Ganzen Gerechtigkeit widerfahren läßt. Einzelne
wichtige Briefe sind darin zum Abdruck gebracht. Ferner: Thackeray
Lord Chatham,⁴) ein panegyrisch geschriebenes und schwerfällig an=
gelegtes Werk, das namentlich mit diplomatischen Aktenstücken an=
gefüllt ist, über die uns interessirenden Ereignisse aber recht dürftige
Nachrichten bringt. Im Anschluß daran hat Macaulay zwei Auf=
sätze über Chatham⁵) veröffentlicht, die, reich an Gedanken, doch kein
neues Material enthalten und fast zu sehr auf H. Walpole basiren.
Lecky in seiner großen Geschichte Englands im 18. Jahrhundert⁶)
behandelt, wie alle, so auch unsere Frage mit anerkennenswerther
Unparteilichkeit, nur vermag er sich nicht der parlamentarischen
Staatsanschauung, deren Vorzüge er in langen Ausführungen preist,
zu entschlagen, und dadurch erscheint ihm vieles in unrichtigem
Lichte. Auch für jene fraglichen Punkte in Pitts und Butes Ver=
halten ist es ihm nicht gelungen, eine genügende Erklärung zu geben.
— Was die deutschen Autoren betrifft, die jene Epoche behandelt
oder gestreift haben, A. Schäfer,⁷) M. Duncker,⁸) M. Brosch,⁹) so
sind sie nicht ohne Voreingenommenheit ans Werk gegangen und
daher zu falschen Resultaten gelangt. Pitt galt ihnen als der

---

³) The Letters of H. Walpole, ed. by P. Cunnigham. Londen
1857. 6 Bde.
⁴) Francis Thackeray, A History of the R. H. William Pitt,
Earl of Chatham. Londen 1827.
⁵) Macaulay, Crit. and hist. Essays. Londen 1872. S. 288—313
und S. 744—791.
⁶) Hartp. Lecky, A History of England in the 18. Century.
Londen 1878. Bd. 3.
⁷) A. Schäfer, Geschichte des 7jährigen Krieges II 2. Berlin 1874.
⁸) M. Duncker, Preußen und England im 7jährigen Kriege. Abh.
zur neueren Geschichte. Leipzig 1887. S. 76 ff.
⁹) M. Brosch, Geschichte von England. Gotha 1893. Bd. 8.

Bundesgenosse, Bute als der Gegner Preußens, und von diesem Standpunkte aus betrachteten sie die beiden Staatsmänner, wie es Friedrich der Große gethan hatte, als unversöhnliche Feinde, eine Auffassung, von der man schon durch die preußischen Gesandtschaftsdepeschen, deren sich Schäfer bedient hat, abgebracht werden mußte.

Wenn alle diese Schriften von mir nur wenig und mit Vorsicht herangezogen worden sind, so habe ich meine Aufmerksamkeit besonders den Briefsammlungen jener Zeit zugewendet und versucht, mir aus ihnen, ohne Rücksicht auf geltende Meinungen, eine Ansicht über das Verhalten und die Relationen jener Männer, des großen Commoners und des Favoriten, zu bilden. Es kamen dabei folgende Werke in Betracht: die Chatham=,[10]) Bedford=,[11]) Grenville= Papers,[12]) die Letters of Chesterfield,[13]) sowie die Memoiren Hardwickes,[14]) Rockinghams[15]) und Shelburnes,[16]) von denen die letzten drei, wiewohl sie Lebensbeschreibungen enthalten sollen, doch nur als Correspondenzsammlungen mit verbindendem Text erscheinen. Von ungedruckten Quellen standen mir die Newcastle=Papers des British=Museum,[17]) sowie die preußischen Gesandtschaftsberichte des Berliner Archivs zu Gebote. Den Herren, die mir bei ihrer Benutzung in zuvorkommendster Weise behülflich waren, sage ich meinen aufrichtigsten Dank.

---

[10]) Correspondence of W. Pitt Earl of Chatham, ed. 1838 von den Testamentsvollstreckern seines Sohnes John Earl of Chatham, 3 Bde.

[11]) Corresp. of John, 4. Duke of Bedford, ed. Ld. John Russel, London 1842. 3 Bde.

[12]) The Grenville-Papers, ed. London 1852, enthaltend die ausgew. Correspondenz der Brüder Richard Earl of Temple und George Grenville nebst einigen Briefen anderer Familienglieder, sowie namentlich ein Tagebuch Georges für die Zeit seiner Amtsführung als erster Lord des Schatzes. 3 Bde.

[13]) Earl of Chesterfield, Letters to his son, ed. Lord Mahon 1853.

[14]) Harris, Life of the Earl of Hardwicke, London 1847, 3 Bde.

[15]) The Memoirs of the Marquess of Rockingham and his Contemporaries, ed. Thomas Earl of Albemarle, London 1852. 2 Bde.

[16]) Life of William Earl of Shelburne, ed. Lord Fitzmaurice, London 1875. Enthält Auszüge aus den Papieren Shelburnes in Lansdowne House, aus denen Butes im Besitz des Earl of Harrowby und Henry For's im Besitz der Lady Holland. 3 Bde.

[17]) Mss. Nr. 32 941 ff.

I.

Politische Denkart und Charakter beider Staatsmänner.

Um die Stellung Pitts und Butes zu verstehen, bedürfen wir eines kurzen Rückblicks.

Durch die Revolution des Jahres 1688/89 war in England die alte, legitime Dynastie entwurzelt worden. Die von einem fremden Potentaten berufene, nach Art eines Parlaments zusammengesetzte Convention hatte sich zum Richter über das Königthum aufgeworfen und ein Urtheil gefällt, das zweifellos ungerecht war und doch unter dem Beifall der gegen die katholischen Stuarts erbitterten Nation vollzogen wurde. Wilhelm III. und Maria bestiegen den für erledigt erklärten Thron und schufen unter Zustimmung der Reichsversammlung eine neue Successionsordnung. Das alte Verhältniß zwischen König und Parlament hatte damit, abgesehen von einigen für nothwendig erkannten Schranken gegen Despotismus, staatsrechtlich keine Aenderung erlitten. Der Wille des Monarchen, verfassungsmäßig kund gegeben, war wie früher der Staatswille, die beiden Häuser besaßen wie bisher nur das Recht, in der Legislative die Aeußerung dieses Willens zu hindern oder durch Initiativanträge hervorzurufen. Wenn sich auch in der Praxis der Schwerpunkt der Gesetzgebung immer mehr vom King in Council zum Parliament verschob, so war man doch von dem Parlamentarismus unserer Tage weit entfernt. Auch die Denkart des Volkes hatte sich weniger geändert, als man nach allen Vorkommnissen wohl meinen sollte. Es blieb in seiner großen Mehrzahl, wie der Proceß Sachverell unter Königin Anna zur Evidenz bewies, streng royalistisch gesinnt, nur war seine Königstreue von drei Bedingungen abhängig geworden, die man dem Herrscher stellen zu dürfen glaubte, vaterländischer Gesinnung, protestantischem Bekenntniß und Achtung vor der Constitution. Da sich diese Qualificationen von Karl II. bis auf Georg III., Anna ausgenommen, bei keinem Könige oder Prätendenten vereinigt fanden, so entbehrte die Nation fast während dieser ganzen Epoche eines Objectes patriotischer Begeisterung und Verehrung, ein Mangel, der allgemein schmerzlich empfunden wurde.

Vornehmlich die beiden ersten hannöverschen Könige vermochten wegen offenkundiger Gleichgültigkeit gegen englische Interessen und Bevorzugung ihres Heimathlandes keine Sympathien zu gewinnen, sie galten selbst ihren Anhängern nur als ein nothwendiges Uebel. Ihre Stellung gründete sich deshalb ausschließlich auf die Potenz, der sie ihre Erhebung verdankten, den whiggistischen Adel. Diesem waren sie gezwungen die königliche Gewalt zur freien Verfügung zu stellen, indem sie sich selbst mit gelegentlichen Einwirkungen und Personal-Intriguen begnügten. Da sich aber eine solche usurpatorische Gewalt gleich derjenigen Cromwells einem freien Parlament gegenüber nicht lange hätte halten können, so wurde jenes System der Corruption erfunden, durch welches die regierende Partei eine feste Majorität im Unterhause gewann.

Es ist wohl allgemein bekannt, wie wenig diese Versammlung damals ihrer eigentlichen Idee entsprach. Unter 560 Abgeordneten wurden nur 121 von den Eingesessenen der Grafschaften nach bestimmtem Census gewählt, fast alle übrigen, 435, waren Delegirte der wahlberechtigten Communen, die sich nach verschiedenstem Modus ihrer Wahlpflicht entledigten. Wenn nun schon in den Counties der Einfluß der großen reichbegüterten Familien oder der Regierung vielfach überwog, so standen eine unverhältnißmäßig große Zahl von parlamentarischen Städten und Flecken hinsichtlich ihres Wahlrechts vollständig unter der Botmäßigkeit solcher Geschlechter resp. der Krone, befanden sich unter ihnen doch nur wenige der bedeutenderen Handelscentren, denen ein selbständiger Wille zugemuthet werden konnte. Dazu kam, daß bei der langen, siebenjährigen Dauer der Parlamente auch die freigewählten Mitglieder leicht der Corruption anheimfielen, um so mehr, als eine Controlle ihres Verhaltens von Seiten der Wähler aus Mangel an Sitzungsberichten beinahe ausgeschlossen war. Indem sich nun der Einfluß der Whigs mit dem der Krone dauernd verband und alle verfügbaren Mittel zur Corruption aufgeboten wurden, entstand zum ersten Mal eine Parteiherrschaft im wahren Sinne des Wortes. Cabinet und Parlamentsmajorität bildeten eine geschlossene Interessengruppe.

Doch die Eintracht innerhalb der Partei blieb nicht ungestört. Persönliche Rivalität, politische Meinungsverschiedenheiten gaben Anlaß genug zur Spaltung, so daß sich im Laufe der Zeit verschiedene whiggistische Fraktionen ausbildeten, die mit einander um die höchsten Aemter im Streite lagen. Bedeutende Staatsmänner, wie Robert Walpole, Carteret, Henry Pelham hielten das Ganze noch leidlich zusammen, nach des Letzteren Tode aber drohte der Zerfall. Der Herzog von Newcastle, Pelhams Bruder, wurde das Haupt der herrschenden Gruppe, war aber trotz ungewöhnlichen parlamentarischen Einflusses und großer Reichthümer den schwierigen Zeitläufen der 50er Jahre nicht gewachsen. Unter seinem Regime erhob sich Pitt zu hervorstechendem Einfluß auf die öffentlichen Angelegenheiten, und müssen wir uns nun über die Persönlichkeit dieses Staatsmannes und über die Stellung klar zu werden suchen, die er zu den großen Fragen einnahm.

William Pitt hatte trotz mehrfacher verwandtschaftlichen Beziehungen zu der herrschenden Klasse doch diejenige politische Gesinnung in sich aufgenommen und unbeirrt festgehalten, welche damals in der Nation vorwaltete, ja er darf in dieser Beziehung als der unverfälschte Typus eines Engländers jener Zeit gelten. Er erkannte die Revolution von 1688/89 als gerecht und nothwendig an und sah in den von ihr aufgestellten Principien die unverrückbare Grundlage englischer Freiheit. Insofern konnte er sich mit Recht als ein Whig bezeichnen, aber als ein Whig im alten Sinne des Wortes, als ein mannhafter Vertheidiger der Constitution gegen despotische Uebergriffe, als ein Vertreter des Widerstandsrechtes, nicht aber im späteren Sinne als Mitglied jener bestimmten Adelscoterie, die sich der Herrschaft bemächtigt hatte. Im Hinblick auf diesen Unterschied macht er selbst einmal Newcastle gegenüber den Vorschlag, nicht mehr von Whigs, sondern von Anhängern der Revolutionsprincipien zu sprechen.[1]

---

[1] Newc. an Devonshire, 11. August 1763: that he (Pitt) would make use of the words Revolution Principles and not Whigs. Newc. Pap. Nr. 32 950. S. 65 ff.

Doch seine verfassungstreue Gesinnung schloß einen gesunden, aufrichtigen Royalismus keineswegs aus, wie er in der Nation über=
wog. Er sah noch immer in dem persönlichen König den Leiter des Staates, die Quelle alles Rechtes und aller Macht, und demgemäß einen Gegenstand der Anhänglichkeit und Verehrung für alle Unter=
thanen. An Devotion dem Herrscher gegenüber hat er es niemals fehlen lassen, ein Verhalten, dessentwegen man ihn öfters übertriebener Servilität beschuldigt hat. Sein Ideal eines Monarchen war nicht ein parlamentarischer König im heutigen Sinne, der willenlos den Beschlüssen des Parlaments und seines Ausschusses, des Cabinets, die formelle Sanction verlieh, sondern ein Herrscher, der es verstand, tüchtige Rathgeber zu wählen, Rathgeber, die den Staat in richtiger Weise zu leiten und für ihre als nothwendig erkannten Maßregeln die Zustimmung der Reichsversammlung zu gewinnen wußten, die den Wünschen beider Häuser im Allgemeinen gern entgegenkamen, aber ihrem Willen im Nothfall auch entgegenzutreten wagten. Die Regierungsweise Wilhelms III. liebte Pitt als nachahmenswerth hin=
zustellen, eines Herrschers, der bei aller Achtung vor der Constitution doch seinen königlichen Rechten nichts vergab.

Wenn aber eine solche rein sachliche Wechselwirkung zwischen den beiden Faktoren der Staatsgewalt erfolgreich stattfinden sollte, dann war vor Allem eine Purificirung des Parlaments nöthig. Die Mitglieder durften nicht wie bisher durch Familien= und Parteirück=
sichten gebunden sein, sondern mußten durch ihre Stimmen ihrer aufrichtigen Ueberzeugung Ausdruck zu geben vermögen. Dieses vorerst unerreichbare Ziel stand dem großen Commoner beständig vor Augen, ihm suchte er sich so weit es anging zu nähern. Seine Ab=
neigung gegen jede Art illegaler Beeinflussung, seine Verachtung derer, die sich ihrer bedienten, hat er oftmals bekundet, wenn er sie auch mitunter aus Utilitätsgründen verhehlen mußte. Er selbst ver=
schmähte es, als Minister dergleichen Mittel anzuwenden, war aber gezwungen, seinen Amtsgenossen gegenüber beide Augen zuzudrücken, die nothwendige Majorität wäre sonst von minder zartfühlenden Gegnern gefährdet worden. Als Abgeordneter hielt er sich voll=
kommen intact. Er vermied es, sich durch irgendwelche Ver=
sprechungen zu binden, und rühmte sich mit Vorliebe, er verlasse

das Parlamentshaus stets ebenso frei von Abmachungen wie er es betreten habe.[2]

Daß solche achtungswerthen Ansichten über Staatsrecht und Regierungsart trotz der corrupten Umgebung in seinem Geiste platzgriffen, mag wohl außer seiner edel angelegten Natur auch seinen Fähigkeiten zugeschrieben werden, die gerade diesen Ansichten entsprachen. Viele Eigenschaften, die unter dem herrschenden System von einem Politiker verlangt wurden, besaß er nur in geringerem Maße. Ihm fehlte die Geschmeidigkeit, sich in fremden Willen zu schicken, die Gewandtheit, Parteien zu bilden und zu lenken, die Kunst, der Menschen Schwächen auszunutzen, die Schlagfertigkeit der Debatte. In all diesen Dingen war ihm ein Mann wie Henry Fox, ja selbst Newcastle überlegen. Sein Selbstbewußtsein, seine feste Ueberzeugung von der Richtigkeit seiner Meinung und der Nothwendigkeit, sie durchzuführen, hinderte ihn an jeglichem Entgegenkommen und machte ihn, wo er befehlen konnte, leicht zum Despoten,[3] so daß es für einigermaßen selbständige Naturen schwer war, mit ihm gemeinsam zu amtiren oder Verbindungen einzugehen. Groß dagegen war er, wenn er offene Bahn vor sich sah, wenn ihm die Macht, des Staates Politik nach eigenem Plan zu lenken, in die Hand gelegt wurde. Dann strahlte sein Genius im klarsten Lichte. Groß war er auch, wenn es darauf ankam, eine Versammlung in gewaltiger Rede zu

---

[2]) Pitt an Newcastle October 1764: ... but shall continue myself ... to go there (zum House of Commons) free from stipulations ... as well as to come out of the House as free as I entered it ... whatever I think it my duty to oppose, or to promote, I shall do it independent of the sentiments of others ... Chatham Corr. II S. 297. — Ebenso in einem Gespräch mit H. Walpole 13. Nevember 1762: that he would die a Whig and support invariably those principles, yet he would concur in no prescriptive measures. Harris, Life of Hardw. III S. 323.

Bericht der preuß. Gesandten 5. December 1760: ce ministre, qui n'est jamais entré dans aucune intrigue et qui n'a jamais desiré de particiner à la distribution des graces ... Berliner Staats-Archiv.

[3]) Vgl. Ledy II S. 477. — Lord Walpegrave sagte 1758 von ihm: „er (Pitt) ist herrschsüchtig, heftig und unerbittlich — ungeduldig selbst bei dem geringsten Widerspruch und besitzt unter der Maske des Patriotismus den despotischen Geist eines Tyrannen. Harris, Life of Hardw. III S. 261.

begeistern und zu Entschlüssen hinzureißen. Hier kam ihm der feste Glaube an die Wahrheit seiner Worte zu statten. — Sein Verwaltungssystem wies nur die bedenklichen Fehler auf, daß es bei der Großartigkeit, mit der es angelegt war, den Finanzen allzu wenig Beachtung schenkte und die Ziele zuweilen allzu hoch steckte, Mängel, an denen das erste Ministerium des großen Staatsmannes scheiterte.

Jenes Selbstbewußtsein war es auch, das seinen Patriotismus mit Ehrgeiz identificirte. Er trug den stolzen, nicht unberechtigten Glauben in sich, selbst der Mann zu sein, der allein den Staat aus umringenden Gefahren befreien und zu hoher Machtstellung erheben könnte.[1]) Wenn es ihn trieb, ein maßgebendes Amt zu erringen, so lagen ihm all jene egoistischen, wenn nicht unsauberen Gründe völlig fern, aus denen die meisten seiner Standesgenossen nach politischen Stellungen oder Sinecuren drängten. Er wollte nicht Reichthümer und gesetzwidrigen Einfluß im Parlament für sich oder seine Freunde gewinnen, sondern nur in Stand gesetzt werden, seinem Vaterlande größtmögliche Dienste zu leisten. Freie Bahn für sein Genie, das war es, was er brauchte, was er auf geraden, zuweilen aber auch auf krummen Wegen zu gewinnen strebte.

Denn die inneren Verhältnisse waren seinem Vorwärtskommen wenig günstig. Der Herrscher, von dem er die ersehnte Stellung zu empfangen gewünscht hätte, war nicht allein in den Händen einer Partei, um deren Gunst er sich ungern bewarb, sondern auch ihm persönlich feindlich gesinnt. Pitt hatte sich als englischer Patriot trotz royalistischer Gesinnung nicht überwinden können, die hannöversche Interessenpolitik des Königs und Lord Carterets zu billigen, sondern war ihr kräftig entgegengetreten. Damit aber hatte er sich die Ungnade Georgs II. in dem Maße zugezogen, daß er selbst mit Hülfe Newcastles eine Beförderung zu maßgebender Stellung nicht erlangen konnte. Seine Ernennung zum Kriegszahlmeister war das einzige Resultat seiner Bemühungen, ein Amt, dessen durchaus uneigennützige Verwaltung seine Popularität begründete. Und auch als Parlamentarier konnte er in dem stark corrumpirten Unterhause nicht die Erfolge erzielen, die ihm gebührten, so sehr auch seine Rednergabe

---
[1]) So der bekannte Ausspruch Pitts im Jahre 1758: „I am sure, that I can save the country, and that no one else can." Thackeray, Life of Chatham I S. 318.

und Beliebtheit allerseits anerkannt und als Kampfmittel geschätzt wurde.

Wenn man Pitts ganzes, oft recht wechselndes Verhalten bis zu seinem ersten Ministerium verstehen will, so muß man immer im Auge behalten, daß er unter anormalen Umständen agirte. Sein Patriotismus trat mit seinem Royalismus in Widerspruch, er konnte nicht um die Gunst eines Königs werben, der das Ausland bevorzugte. Sein Ehrgeiz lag mit seiner Abneigung gegen Parteiwesen und Corruption im Streite, er mußte, um vorwärts zu kommen, sich dieser Abneigung entschlagen. So allein läßt sich sein ungleichmäßiges Benehmen gegen Newcastle erklären, das damals wie noch heute vielen Tadel gefunden hat. Sein Zusammengehen mit ihm war nur Nothbehelf. Doch so sehr er sich auch den Verhältnissen accommodirte und seinen Widerwillen gegen den alten Herzog unterdrückte, damit allein hätte er nicht an leitende Stelle gelangen können. Hier hat, abgesehen von der schwierigen äußeren Lage, eine andere Persönlichkeit entscheidend eingegriffen, der wir jetzt unsere Aufmerksamkeit zuzuwenden haben, der Günstling des Thronfolgers, John Stuart Earl of Bute.

Bei der Beurtheilung dieses Mannes[5]) muß man mit ganz besonderer Vorsicht zu Werke gehen, da er Eigenschaften besaß, die, ohne verwerflich zu sein, ihn doch in den Augen der Engländer verächtlich, gefährlich, hassenswerth erscheinen ließen, und geeignet waren, eine völlig falsche Tradition über seine Persönlichkeit hervorzurufen. Wenige Männer sind so mit Verunglimpfungen überschüttet worden wie dieser, jeder Verdacht, der sich wider ihn erhob, wurde alsbald zur Thatsache gestempelt und mit allen Mitteln aufgebauscht und übertrieben, jede seiner Handlungen auf unlautere Motive zurückgeführt, kein Vorzug gelten gelassen. Die Ursachen zu dieser Erscheinung aber liegen klar genug am Tage, um den Historiker mit seinem Verdammungsurtheil einhalten zu lassen und zu genauerer Prüfung zu bewegen.

Es sind namentlich zwei Qualitäten, die in allen Pamphleten und Streitschriften jener Zeit mit besonderem Tadel und Hohn an

---

[5]) Vgl. über ihn Adolphus, H. of E. I S. 11 ff. — Vielfach ungerecht ist die Charakteristik, wie sie Shelburne giebt. S. Fitzmaurice, L. of Sh. I S. 139 f.

ihm hervorgehoben werden, seine schottische Nationalität⁶) und seine persönliche Beziehung zu Georg III. Was den ersteren Punkt betrifft, so galt damals schottische Herkunft in England noch immer als ein gewisser Makel. Wiewohl unter Königin Anna die staatsrechtliche Union der beiden britischen Reiche vollzogen worden war, so hatte sich damit die alte Abneigung und Eifersucht der Völker gegen einander nicht beseitigen lassen. Im Gegentheil, sie prägte sich schärfer aus, seitdem Angehörige beider Nationalitäten im Parlament und in den Aemtern des britischen Staates zusammenwirkten und mit einander rivalisirten. Die Unterstützung, welche Jakob II. und seine Nachkommen nach ihrem Sturz zeitweise in Schottland fanden, minderte die Popularität der Restaurationsbestrebungen bedeutend und hat nicht wenig zur Befestigung der neuen Zustände und der Whig-Regierung beigetragen. Immer erschienen den Engländern ihre nördlichen Nachbarn als ein fremdes und feindliches Element, dessen Betheiligung an der Verwaltung nur zersetzend wirken könne. So mußte es ganz besonderes Mißtrauen hervorrufen, daß ein Mitglied des hochländischen Adels den ersten Platz in der Regierung des Gesammtstaates einnehmen sollte.

Hinsichtlich des zweiten Punktes bedarf es einer kurzen vorgreifenden Erörterung.

Als Georg III. den Thron bestieg, da war das Land voll der besten Hoffnung und in freudigster Stimmung, denn zum ersten Mal seit langer Zeit kam ein König zur Regierung, der alle von der Nation geforderten Qualificationen besaß. Der neue Herrscher war Protestant gleich seinen Vorgängern, besaß, wie man voraussetzen durfte, Achtung vor der Verfassung und hatte im Gegensatz zu den beiden letzten Königen stets englische Gesinnung bewiesen. Schon seine ersten Kundgebungen als Monarch bestätigten diese günstige Meinung zur Evidenz und steigerten seine Beliebtheit zu einer selten dagewesenen Höhe. In die vom ersten Lord des Schatzes, Herzog von Newcastle, verfaßte Thronrede zur Eröffnung des Par-

---

⁶) Hierfür sind die Belege so zahlreich, daß sie nicht angeführt zu werden brauchen. Vgl. Lecky, H. of E. III S. 50ff., Adolphus, H. of E. I S. 13, Letters of Chesterfield II S. 473. Bericht der preuß. Gesandten, 5. December 1760: . . . qui est Ecossais et par là peu agréable à la nation . . . Berl. Arch.

laments fügte er eigenhändig die Worte: „Geboren und erzogen in diesem Lande rühme ich mich des Namens eines Briten, und das besondere Glück meines Lebens wird immer darin bestehen, daß ich das Wohl des Volkes befördere, dessen Loyalität und warme Anhänglichkeit ich als die stärkste und beständigste Schutzwehr meines Thrones betrachte."[7]) Also keine Begünstigung des Auslands, sondern nationale Politik, keine Fundirung des Königthums auf die Partei, sondern auf die Nation. Und seine erste Regierungshandlung war die Initiative zur Beseitigung eines Vorrechtes, kraft dessen jeder neue König zur Entfernung der zur Zeit amtirenden Richter befugt war. Nicht deutlicher konnte er seine Abneigung gegen Willkür-Regiment bekunden, ohne die monarchische Regierungsform wesentlich zu schädigen.

Wenn sich Georg III. in Folge jener Meinung und dieser Handlungen großer Sympathien im Volke zu erfreuen hatte, so gab es doch einen Umstand, der die royalistische Begeisterung einigermaßen zu dämpfen geeignet war. Neben dem König sah man einen persönlichen Rathgeber, einen notorischen Günstling stehen, und das erinnerte sehr an die Zeiten der Stuarts, deren Konstitutionsverletzungen oftmals von solchen Favoriten veranlaßt oder wenigstens ihnen zugeschrieben worden waren. Der Vergleich mußte schwere Bedenken erregen, um so mehr, als dieser verdächtige Freund des Königs dem Heimathsland jener gehaßten Dynastie entstammte und ihren Namen trug. Wie leicht konnte der junge, unerfahrene Herrscher auf ähnliche Wege geführt werden. So geschah es, daß Lord Bute gerade wegen der großen Popularität Georgs III. dem Volke um so stärkere Abneigung einflößte, sah man doch in ihm das böse Prinzip, den Verführer, durch dessen Rath der König in Gefahr kam, zwei jener gepriesenen Eigenschaften einzubüßen, die nationalenglische Gesinnung und die verfassungsmäßige Denkart. In Bute haßte die Nation den Gefährder ihres Idols, des ersten wahrhaft englischen und wahrhaft loyalen Herrschers.

Die Wirkung dieser Umstände wurde durch persönliche Eigenschaften noch beträchtlich erhöht. Seine Zurückhaltung, die aus

---

[7]) Harris, Life of Hardw. III S. 231 f. Das Wort „Briton" hatte Bute an Stelle von dem ursprünglichen „Englishman" eingefügt.

aristokratischem, nicht uneblem Stolze und einer gewissen Neigung zur Einsamkeit entsprang, erschwerte es ihm, Freundschaften zu schließen und machte ihn völlig unfähig, populare Sympathien zu erwecken. Trotz unzweifelhaft ehrlicher, wohlwollender Gesinnung, wie sie damals unter dem corrumpirten englischen Adel am wenigsten zu finden war, erschien er der Menge als kalter Egoist, als gefährlicher Intrigant, als ein Leisetreter, von dem man Schlimmes erfahren zu müssen glaubte. Nachdem sich aber eine solche Ansicht einmal festgesetzt hatte, meinte man sie in jedem widrigen Vorkommniß, in jeder gegnerischen Beschuldigung vollgültig bestätigt zu sehen. Niemand gab sich die Mühe, seine Handlungsweise zu prüfen, die erhobenen Anklagen auf ihr richtiges Maß zurückzuführen. Actionen selbst, die einem anderen Staatsmanne Popularität eingetragen hätten, der nothwendige Sturz der Oligarchie zu Gunsten der Königsmacht, die lang ersehnte Herstellung des Friedens dienten nur dazu, den Haß des Volkes zu steigern, denn alle Klagen der Andersgesinnten und Geschädigten fanden ein williges Ohr. Bei der zum Theil aus der politischen Lage, zum Theil aus Mißverständnissen und Verläumdungen resultirenden Spannung mit Friedrich dem Großen trat die öffentliche Meinung ohne Prüfung auf die Seite der gegen Bute intriguirenden[8]) preußischen Gesandten.

Wenn wir alle Vorurtheile bei Seite lassen und das ganze Verhalten des Günstlings unbefangen betrachten, so zeigt sich uns ein völlig anderes Bild seiner Persönlichkeit und seiner Bestrebungen, als uns namentlich deutsche Darstellungen vorzuzeichnen pflegen.

„Er war ein Mann von unzweifelhafter Ehrenhaftigkeit," schreibt Macaulay über ihn,[9]) und dieses Urtheil finden wir in den gleich-

---

[8]) Cabinetsschreiben an die preußischen Gesandten Knyphausen und Michel vom 7. August 1762: Au reste, comme il n'y aura jamais moyen de parvenir en règle avec le comte de Bute, vous ne perdrez aucune occasion, qui se présentera, pour animer et brouiller sous main la nation contre lui, et contre l'administration présente, et de rejetter tout ce qui vient d'arriver de fâcheux à la nation sur lui, comme arrivé par sa faute. Enfin vous animérez même autant qu'il se peut les autours des brochûres qu'on met au jour pour décrier la conduite de ce Ministre, afin de parvenir d'autant plus aisément à la culbuter de son poste. Grenv. Pap. I S. 467. — Vgl. auch Ledv III S. 50.

[9]) Macaulay, Essays S. 752.

zeitigen Quellen mehrfach bestätigt. Fox sagte 1764 einmal im Gespräch zu Grenville: „er halte Bute für einen vollkommen ehrenhaften Mann, er respectire ihn als einen solchen; so lange er mit ihm im Verkehr gestanden, habe sich Lord Bute niemals wortbrüchig gegen ihn bezeigt." Und das wollte damals etwas heißen. Lady Hervey, deren Mann, Lord Hervey, zu Pitt in nahen Beziehungen stand, schrieb schon 1760:[10]) „Wiewohl ich ihn persönlich nicht kenne, so weiß ich doch so viel von ihm, daß er stets ein guter Ehemann, ein ausgezeichneter Vater, ein Mann von Wahrhaftigkeit und Empfindung war, mehr als es gewöhnlich bei Männern der Fall ist. Man sagt, er sei stolz. Ich weiß es nicht. Vielleicht ist er es. Aber sein Stolz ist wie der, dessen man Mr. Pitt anklagt, der ihn jederzeit von engen, falschen, schlechten, schlüpfrigen Wegen fernhält, und solchen Stolz mag jeder, den ich liebe oder für den ich mich interessire, immer haben." Daß die Lady ihn nicht persönlich kennt, läßt ihren Ausspruch nur werthvoller erscheinen, drückt er doch nicht ihr eigenes, vielleicht mangelhaftes Urtheil, sondern das jener hohen Kreise aus, in denen sie lebte. Auch ein angesehener Geistlicher, Bischof Warburton, bemerkt:[11]) „Lord Bute ist ein sehr ungeeigneter Mann, erster Minister von England zu werden. Erstens, er ist Schotte, zweitens er ist des Königs Freund und drittens, er ist ein Ehrenmann," ein Urtheil ebenso schmeichelhaft für Bute wie beschämend für die leitenden englischen Kreise. Gewiß sind solche Aeußerungen nicht häufig, allein aus jenem Zeitalter der Schmähsucht, der Verderbniß, der unlauteren Rivalität stammend, besitzen sie ein weit größeres Gewicht als viele gegentheilige: auch habe ich in den gleichzeitigen Correspondenzen einen Zweifel an Butes persönlicher Ehrenhaftigkeit nirgends ausgedrückt gefunden. Bei oberflächlicher Betrachtung könnte es allerdings manchmal so scheinen,[12]) sieht man aber genauer zu, so bemerkt man, daß nur seine Maßregeln getadelt, seine politischen Fähigkeiten bestritten werden. Außer den

---

[10]) Lady Hervey's Letters p. 275, angef. bei Jesse, Mem. of G. III, I S. 172.
[11]) Warburton's Letters, ed. by Earl Stanhope II S. 482, angef. bei Jesse, I S. 171.
[12]) So z. B. die Aeußerung Pitts über Bute im Gespräch mit Her. Walpole am 13. November 1762. Harris, Life of Hardw. III S. 322 ff.

Pamphletisten, deren Geschäft das mit sich brachte, und der erregten Menge, waren es namentlich Friedrich der Große und seine Gesandten, die, gewiß in gutem Glauben und in begreiflicher Erbitterung, seinen Charakter in den Staub zu ziehen suchten. Es wäre Unrecht, wenn unsere Historie diese Urtheile, wie sie gerade jetzt in der politischen Correspondenz des großen Königs zu Tage getreten sind, weiterhin nachsprechen wollte.

Die politischen Leistungen des Günstlings waren nicht bedeutend, daraus machte er sich selbst am wenigsten ein Hehl. Wiewohl er viel theoretische Vorbildung besaß, so mangelte es ihm an Erfahrung und Uebung. Dennoch wurde seine erste Parlamentsrede, die er als Staatssecretär hielt, allgemein gelobt, so daß er wohl bei längerer Routine ein brauchbarer Redner hätte werden können. Bei Leitung der Politik, namentlich der auswärtigen, fuhr er meist in fremdem Fahrwasser und lenkte, wenn er nicht durchkommen konnte, in ein anderes ein. Darum sind seine Mißgriffe, für die er natürlich voll verantwortlich bleibt, sicherlich nicht einer Schlechtigkeit des Charakters zuzuschreiben. Wenn Georg III. trotz dieser Mängel dennoch so große Stücke auf ihn hielt und ihn so rasch zur höchsten Stelle im Staate erhob, so ist der Grund dafür in anderen Eigenschaften zu suchen, und kommen wir damit auf seine Beziehung zu dem jungen König zu sprechen.

Schon Wilhelm III. hatte es lebhaft beklagt, daß er in seiner englischen Umgebung Niemanden zu finden vermöge, der seines rück= haltlosen Vertrauens würdig sei, ihm ohne Hintergedanken diene. Zwar mußte er die Staatslenkung wohl oder übel englischen Ministern übertragen, als persönliche Freunde und Rathgeber aber galten ihm nur seine Landsleute, die Holländer. Und ähnlich stand es auch unter den hannöverschen Königen. Die höhere Gesellschaft war schon unter den Tudors durch Ehrsucht und Habgier stark corrumpirt, aber damals drehte sich noch alles um den Herrscher, ihm suchten die Edelleute zu dienen und zu gefallen, durch seine Gunst strebten sie das ersehnte Ziel zu erreichen. Seit der Beugung des Königthums durch die Revolutionen dagegen galt es vornehmlich, parlamentarischen Einfluß zu erwerben, eine vom Monarchen unabhängige, wenn nicht ihm bedrohliche Stellung zu gewinnen. Wohl warb man auch jetzt noch um die Gunst des Königs, die von ihm empfangenen Stellungen und Reichthümer aber benutzte man alsbald zur Erlangung einer selbstständigen Position. Es war schon viel, wenn der Betreffende dabei das Wohl des Staates nicht aus den Augen verlor; persönliche Anhänglichkeit, die alte Mannentreue war höchstens noch unter den Tories zu finden, und auch diese zeigten sich bereits stark degenerirt. Selbst ein Mann wie Pitt verehrte den König nur als die nothwendige höchste Gewalt, als den Verleiher der Macht, durch die ihm selbst eine Förderung des Gemeinwohles möglich wurde. Was aber den Engländern abhanden gekommen war, das lag den Schotten trotz Zerstörung ihrer alten Clanverfassung noch immer im Blute. Sie vermochten einem Herrn, den sie sich erkoren, mit Leib und Seele ohne Nebengedanken zu dienen, in seiner Förderung allein die eigne zu suchen. So ist es nicht wunderbar, daß gerade der hochländische Graf das Vertrauen der Prinzessin von Wales und ihres Sohnes gewann. Der Umstand, daß es ihm durch Nationalität und Charaktereigenschaften schwer wurde, andere Verbindungen einzugehen, mußte den Werth seiner Freundschaft erhöhen, den Glauben an ihre Aufrichtigkeit befestigen. Sein Verhältniß zum König war also abweichend von dem Anderer. Die englischen Großen huldigten diesem aus Herrschsucht, Männer wie Pitt aus Patriotismus, Lord Bute dagegen aus persönlicher Ergebenheit und Freundschaft. Ihm war es nicht in erster Linie darum zu thun, den Staat zu fördern oder das Königthum zu erhöhen, das alles diente ihm nur als Mittel zum Zweck, ihm kam es vielmehr darauf an, seinem Herrn, Georg III., zu nützen, ihm eine möglichst glückliche Regierung zu verschaffen, eine Gesinnung, die aus seinen Privatbriefen wiederholt hervorleuchtet.[13])

Daß dem Grafen in jener verderbten Zeit ein geschlechtliches Verhältniß zur Prinzessin von Wales vorgeworfen wurde, ist nicht zu verwundern, doch hat kein Forscher gewagt, eine solche Beziehung als Thatsache hinzustellen. Auch ich habe in den gleichzeitigen Quellen keinen Anhalt dafür finden können. Mag es nun damit stehen wie es will, seine Anhänglichkeit an den König war sicherlich

---

[13]) Vgl. Butes Brief an Pitt, Chatham Corr. 1 S. 240 f., an Lord Melcombe, Adolphus I S. 572, an Shelburne, Fitzmaurice, L. of Sh. I S. 164.

aufrichtig; auch hat das Gerede auf sein Familienleben keinen Schatten geworfen.

Nachdem wir uns so in großen Zügen ein Bild von den beiden Männern und ihren Tendenzen entworfen haben, deren Beziehungen uns festzustellen obliegt, können wir an unsere eigentliche Aufgabe herantreten. Wir werden zuerst das Wenige und doch überaus Wichtige wiederzugeben haben, was uns die Quellen über ihre Relationen vor der Thronbesteigung Georgs III. lehren.

II.

Beziehung Pitts zum Hofe des Thronfolgers unter Georg II.

Wie erwähnt, ging im Jahre 1754 nach dem Tode Henry Pelhams, der die vielgespaltenen Whigs durch Einsicht und Nachgiebigkeit leidlich zusammengehalten hatte, die Parteileitung auf des Verstorbenen Bruder, den Herzog von Newcastle, über. Dieser hatte schon Jahrzehnte lang als Minister gewirkt und große Geschäftsroutine gewonnen, seine politischen Fähigkeiten aber waren gering und hätten ihn nie zu solch hoher Stellung geführt, wenn ihm nicht sein außergewöhnlicher parlamentarischer Einfluß zu Hülfe gekommen wäre, den er mit Virtuosität auszunutzen und zu verstärken wußte. Die Leitung der Corruption war seine Specialität und hätte ihm in ruhigen Zeiten eine lange Regierung verbürgt, den schwierigen Verwickelungen des gerade ausbrechenden französischen Krieges aber waren seine Geisteskräfte nicht gewachsen. Er bedurfte der Unterstützung eines befähigten Staatsmannes, durch den er die ihm zur Verfügung stehende Macht zu erfolgreicher Verwendung bringen konnte, und da er einen solchen nicht fand, so mußte er bereits im Herbst 1756 dem Unwillen der Nation das Feld räumen.

Der König kam dadurch in große Verlegenheit. Er wollte es zuerst mit Henry Fox versuchen, der einigen Anhang im Parlament besaß und ihm als Günstling seines Sohnes, des Herzogs von Cumberland, willkommen war. Doch dieser, ein nüchterner Egoist, fähig und gewandt, aber ohne jeden idealen, patriotischen Schwung, und wie Newcastle in jeder Corruption erfahren,[1] vermochte auf eigene Hand

---

[1] Ueber seinen Charakter vgl. Fitzmaurice, Life of Shelburne I S. 169 ff.

kein Ministerium zu Stande zu bringen. So sah sich Georg II. schließlich gezwungen, das Schatzamt dem Herzog von Devonshire, einem Whig von nicht unbeträchtlichem Einfluß, das Staatssecretariat aber William Pitt zu übertragen, dem das Vertrauen der Nation in hohem Maße zur Seite stand. Und auch dieses Cabinet hätte sich, dem Widerstand des Königs gegenüber, nicht zu constituiren vermocht, wenn ihm nicht eine neue Gewalt zur Seite getreten wäre, die hier zum ersten Mal entscheidend in die inneren Verhältnisse eingriff, der Hof des Thronfolgers.

Friedrich, Prinz von Wales, war 1751 mit Hinterlassung unmündiger Söhne gestorben, deren Aeltester, nachmals Georg III., des Vaters Ansprüche und Titel erbte und mit seiner Mutter, Prinzeß Augusta, fortan in Leicester House, umgeben von eigenem Hofstaat, residirte. Lord Bute, der schon unter dem verstorbenen Prinzen einen Posten bekleidet hatte, erhielt sich im Vertrauen seiner Wittwe und wußte die in der Umgebung des Thronfolgers bestehenden Uneinigkeiten zu benutzen, um hier zu dominirender Stellung zu gelangen.[2])

Es darf als eine für die Whigs verhängnißvolle Versäumniß betrachtet werden, daß die Pelhams nicht bei Zeiten für eine Trennung Georgs von seiner Mutter und deren Vertrautem sorgten, eine Maßregel, die sich anfangs leicht hätte bewerkstelligen lassen,[3]) später aber, als der Prinz selbständiges Denken und Wollen zeigte, kaum durchführbar und wenn durchgeführt, minder wirksam war. Die Regierenden hatten dem Einfluß Butes zu wenig Bedeutung beigemessen. Erst im Sommer 1756, als bei Gelegenheit der Volljährigkeit des Prinzen dessen Haushalt neu constituirt werden sollte, und der Thronerbe selbst seinen Günstling an die Spitze gestellt zu sehen wünschte, suchte Newcastle seinen Fehler gut zu machen. Er bemühte sich, des Königs Wunsch zu erfüllen und die Uebersiedelung des Prinzen nach Kensington Palace durchzusetzen.[4]) Jetzt aber mußte

---

[2]) Vgl. Anecdotes of William Pitt Earl of Chatham 1 S. 189 ff.

[3]) Fox hatte am Tage nach dem Tode des Prinzen von Wales Henry Pelham diesen Rath gegeben, der erste Minister war aber aus persönlicher Antipathie gegen den Rathgeber nicht darauf eingegangen. Walpole, Memoirs of Georg III., I S. 195 Anm. 1.

[4]) Waldegrave's Memoirs S. 65 ff.

dieſer verſpätete und deshalb falſche Schritt, der ſich gegen den offen=
kundigen Willen des Königs richtete, alle aufſtrebenden Elemente zum
Widerſtand anreizen. Welche Handlung konnte in naher Zukunft
reichere Früchte tragen, als ein erfolgreicher Kampf für das Selbſt=
beſtimmungsrecht deſſen, der vielleicht in wenig Jahren die Krone
trug? Pitt und Temple waren es, die ſich dies bedeutungsvolle
Verdienſt erwarben. Mit Eifer traten ſie in die Breſche und nöthigten
den Herzog, deſſen Stellung bereits ſtark erſchüttert war, zum
Nachgeben.5)

Um aber dies Eingreifen Pitts ganz zu verſtehen, muß man
wiſſen, daß er ehemals in des Prinzen Friedrich von Wales Haus=
halt Groom of the Bedchamber geweſen war und als ſolcher Bute
nahegeſtanden hatte, daß er im Jahre 1755 durch Vermittlung des
Letzteren ein enges Bündniß mit der Prinzeſſin Wittwe und ihrem
Sohne geſchloſſen hatte, durch das er und ſeine Freunde ſich ver=
pflichteten, Leiceſter Houſe mit allen Kräften zu unterſtützen, namentlich
gegen Newcaſtle, und ſich der Regierung des Königs nur zu fügen,
wenn er nach der Prinzeſſin und des Prinzen Directiven regierte.6)
Jetzt war der casus foederis gegeben und Pitt ſäumte nicht, ſeine
Verpflichtungen zu erfüllen. Seine und Temples Bemühungen ge=
langen vollkommen, der Prinz blieb nicht allein bei ſeiner Mutter,
ſondern erlangte auch vom König die Ernennung Butes zum Groom
of the Stole und amtlichen Leiter ſeines Haushalts. Damit war
das ſchon beſtehende Bündniß zwiſchen Pitt und Leiceſter Houſe be=
trächtlich gefeſtigt, zwiſchen dieſem und Newcaſtle aber eine noch
ſtärkere Spannung erzeugt.

Die folgenreiche und zum Verſtändniß ſpäterer Ereigniſſe über=
aus wichtige Beziehung des großen Pitt zum Prinzen von Wales
und deſſen vertrautem Günſtling hat ſeltſamer Weiſe bisher nur
wenig Beachtung gefunden,7) und doch iſt ſie nicht allein in allen
gleichzeitigen Quellen bezeugt, ſondern auch aus inneren Gründen

---

5) Anecdotes of Chatham I S. 217: Aber Lord Temple und
Mr. Pitt „ſtanden in der Breſche und retteten Leiceſter Houſe.“ — Walpole,
Memoirs of Georg II., II S. 249.

6) Waldegrave's Memoirs S. 37 ff.

7) Nur Fitzmaurice, Life of Shelburne, erklärt die Annäherung
Butes an Pitt im Jahre 1763 aus ihrer früheren Union. I S. 281. f.

sehr naheliegend. Es waren nicht nur ehrgeizige Berechnung auf der einen und Dankbarkeit auf der anderen Seite, welche das Bündniß stützten, sondern wirkliche Uebereinstimmung in Zielen und Bestrebungen. Hier in Leicester House fand der patriotische Staatsmann die nationale Gesinnung, die er bei dem regierenden Monarchen vermißte und deren Bekundung ihm dessen Feindschaft eingetragen hatte, hier fand er die gründliche Abneigung gegen Parteiherrschaft, die ihn selbst erfüllte, hier das gesunde Bestreben, dem Königthum seine richtige Stellung im Staate, seinen Platz über den Parteien zurückzugeben, hier endlich jene Rücksichtnahme auf die Wünsche der Nation, die er von einem solchen Königthum verlangte. Und jener Umstand, der so viele Kräfte dem jungen Hofe fernhielt, die schottische Nationalität des Grafen Bute, berührte Pitt nicht im geringsten, denn er haßte, wie aus vielen Aeußerungen und seinem ganzen Verhalten hervorgeht,⁸⁾ die Nationaleifersucht zwischen Nord und Süd und betrachtete sie als eine Quelle der Schwäche, die auf jede Weise zu beseitigen sei und nicht durch feindseliges Verhalten erweitert werden dürfte.⁹⁾ Sein Werk war die erste Verwendung hochländischer Regimenter in der britischen Armee.

So führten also äußere und innere Gründe William Pitt und den durch Lord Bute vertretenen Hof zu gemeinsamer Action. Die Aufstellung des Devonshire-Cabinets darf als erste Kraftprobe der Verbündeten angesehen werden, eine Probe, die indeß vorerst nicht zu günstigen Resultaten führte.

Hier zeigte sich noch einmal die ganze Macht der Oligarchen. Wiewohl der Herzog von Newcastle bei der schwierigen Lage des Staates ohne die Hülfe bedeutender Persönlichkeiten und im geraden Gegensatz zum Volkswillen nicht zu regieren vermocht hatte und dem allseitigen Widerstand erlegen war, so mußten doch seine Nachfolger bald erkennen,

---

⁸⁾ Vgl. Pitts Rede im Unterhaus 14. Januar 1766: „Verwünscht sei der nationale Widerwille gegen sie (die Schotten)! — er ist ungerecht, grundlos, unedel, unmenschlich." Anecd. of Chath.

⁹⁾ Vgl. auch Pitts Brief an einen Geistlichen, P. Ebenten, der in ihm einen Beschützer des Pamphletisten Wilkes und Gegner der Schotten zu sehen glaubte und nun eine scharfe Abweisung empfing: „Wissen Sie, Herr, daß ich die Union verehre als das Hauptfundament der Stärke und Sicherheit dieser Insel ꝛc." Chath. Corr. II S. 301.

daß eine seiner Unterstützung ermangelnde Verwaltung noch weit weniger Halt besaß. Die Opposition der Pelham-Partei und die schlecht verhehlte Feindschaft Henry Fox's grub dem Cabinet die Wurzeln ab, des Königs Widerwille gegen Pitt und Temple steigerte sich im amtlichen Verkehr [10]) und schon im April 1753 ergriff Georg II. auf seines Sohnes Cumberland Anregung die Initiative, indem er die letztgenannten Minister ihrer Stellungen enthob und dadurch Devonshire zum Rücktritt zwang. Nun aber trat die ganze Schwierigkeit der Situation zu Tage. Weder Pitt, noch Fox, noch Newcastle waren einer Cabinetsbildung fähig, eine Alliance zwischen den Fractionen schien bei ihrer gegenseitigen Feindschaft ausgeschlossen und so blieb das Land mitten im Kriege 11 Wochen lang ohne Regierung.

Jedermann weiß, daß diese schwere Krisis durch die Bildung eines Coalitionsministeriums gehoben wurde, in welchem sich Newcastle und Pitt nebst Anhängern vereinigten, während Fox mit Annahme eines einträglichen Postens auf fernere Opposition verzichtete. Unbeachtet geblieben ist es aber, daß diese segensreiche Verbindung dem Leiter des jungen Hofes, Lord Bute, ihr Zustandekommen verdankt. In dem Berichte des preußischen Gesandten vom 10. Juni 1757 [11]) findet sich eine hochinteressante Stelle, die uns den wahren Grund der Krisis enthüllt. Es heißt dort: „Das vorgeschrittene Alter des Königs und die Hoffnung vieler Leute, besser zu fahren, wenn sie ihr Heil bei dem jungen Hofe suchen, sind die wahre Quelle dieser Spaltungen; die, welche dem König gegenwärtig wohl zu dienen geneigt sind, möchten gleichzeitig versuchen, sich die Aussicht auf Anstellung in der künftigen Regierung offenzuhalten, und darum weigern sie sich einzutreten, ... auch liegt hierin einer der Gründe, warum sich der Herzog von Newcastle mit den Anhängern des jungen Hofes hatte verbinden wollen und warum Lord Holdernesse denselben Gedanken hegte; aber da sich der König zu solchen Maßregeln nicht hergeben wollte, so zogen sie vor, ohne Amt zu bleiben und ihrem Vaterlande wie ihrem Herrn nicht zu dienen, als zur Zeit mit einem solchen bekleidet, stets in Furcht zu schweben, beim Tode dieses Fürsten zur Abdankung genöthigt zu werden. . . . ."

---

[10]) Waldegrave's Memoirs, S. 93 f.
[11]) Berl. Arch.

Diese Erklärung erscheint äußerst einleuchtend und steht mit allen sonstigen Nachrichten in vollkommenem Einklang.¹²) Danach stellt sich also die Sachlage folgendermaßen: Newcastle hätte wohl gern andere Männer zur Cabinetsbildung gewählt, im Hinblick auf die Zukunft aber durfte er die Anhänger des jungen Hofes, Pitt und Temple, nicht übergehen. Er schlug also diese, wie in Michels Depesche vorher erzählt ist, dem König vor. Georg II. wollte dagegen gerade von ihnen, die er soeben selbst aus dem Amte entfernt hatte, durchaus nichts wissen. Da nun Newcastle von seinem Entschluß um so weniger abgehen konnte, als viele Andere die gleiche Vorsicht beobachteten und nur mit Pitt zusammen eintreten wollten, er also die erwünschten Kräfte nicht gewinnen konnte, so standen sich zwei unvereinbare Tendenzen gegenüber.

Die Zukunft warf ihren Schatten voraus. Ohne daß der Thronfolger vorerst activ eingegriffen hätte, übte schon die allgemeine Rücksichtnahme auf seine Wünsche mächtigen Einfluß aus, einen Einfluß, dem der König im Hinblick auf die unglücklichen auswärtigen Verhältnisse, den Verfall des Staates, schließlich nachzugeben gezwungen war.

Aber nicht ohne harten Kampf räumte Georg II. das Feld. Zuerst suchte Newcastle direct mit Pitt ins Reine zu kommen: da ihn dieser aber jeder Macht entkleiden wollte,¹³) so beschloß der Herzog nochmals die Bildung eines Ministeriums ohne Leicester House zu versuchen. Hierdurch in ernste Besorgniß versetzt, beauftragte der junge Hof den gewandten Lord Chesterfield, zwischen Pitt und Newcastle zu vermitteln; als aber der Versuch gelungen und Bute in einer Conferenz mit Newcastle, Hardwicke und Pitt Alles ins Gleiche gebracht hatte, verweigerte der König dem Abkommen seine Sanction. Er beauftragte Lord Waldegrave mit der Bildung eines Ministeriums.¹⁴) Nach langen ernsten Bemühungen mußte

---

¹²) H. Walpole an H. Mann, 9. Juni 1757: „The stardard of opposition . . . is to be hung out at Leicester House." Walp.-Lett. III S. 81.
¹³) Newcastle sollte sich auf die speciellen Angelegenheiten des Schatzamtes beschränken und sich selbst da eine Controlle durch Pitts Freunde gefallen lassen. Walpole an Mann, 19. Mai 1757. Walp.-Lett. III S. 76.
¹⁴) Waldegrave's Memoirs S. 110 ff.

dieser seine Ohnmacht den Anhängern des Thronfolgers gegenüber eingestehen und selbst zu deren Heranziehung rathen.[15]) Wieder verhandelten Hardwicke und Bute mit den Parteien.[16]) Das Ergebniß wurde von Newcastle dem Monarchen vorgelegt, und dieser genehmigte mit schwerem Herzen eine Anordnung, aus der die glorreichsten Ereignisse seiner Regierung erwachsen sollten. Bute aber schrieb hocherfreut an Pitt: „Mein theuerster Freund! . . . . Gott sei Dank, ich sehe Sie im Amt. Wenn je das Wrack dieser Krone unserm liebenswürdigen jungen Prinzen erhalten werden kann, so sind es Ihre Anstrengungen, Ihre Fähigkeiten, mein lieber Pitt, denen er es verdankt."[17])

Welch neues Licht fällt damit auf den Zusammenhang der Dinge. Bisher ist der Vorgang stets so dargestellt worden, als ob der König und Newcastle sich durch die ungünstige Kriegslage genöthigt gesehen hätten, auf den tüchtigsten und populärsten Staatsmann, als den sie William Pitt erkannten, zurückzugreifen, als ob dessen Erhebung eine Anerkennung des Genies und eine Concession an die öffentliche Meinung bedeutete. Jetzt stellt sich die Sache ganz anders. Der König hätte sicherlich Pitt übergangen, wenn er andere fähige Männer hätte finden können, er fand aber keine, nicht etwa weil es keine gab — ein solches Armuthszeugniß brauchen wir dem damaligen England nicht auszustellen —, sondern weil sich jeder scheute, durch Theilnahme an einem Ministerium ohne Pitt den Thronfolger und dessen Günstling zu verletzen. So mußte Georg II. die Anhänger seines Enkels einsetzen, nicht um das tauglichste, sondern um überhaupt ein Cabinet zu Stande zu bringen, und war also diese Transaktion im Grunde eine Demüthigung des Herrschers vor seinem Erben. Pitts staatsmännische Begabung und Popularität wirkte nur insofern mit, als er ohne diese Eigenschaften kaum solche Gnade in den Augen des jungen Hofes gefunden haben würde. — Nur darf hierbei nicht verschwiegen werden, daß durch die damalige Kriegslage eine gewisse Annäherung zwischen den Bestrebungen des Königs und denen seines neuen Staatssecretärs stattfand, die das weitere Zusammenwirken Beider erleichterte. Auch Pitt, der sonst gegen

---

[15]) Ebenda S. 131.
[16]) Hardwicke an Pitt. Chatham Corr. I S. 230f.
[17]) Chatham Corr. I S. 240f.

jede Begünstigung Hannovers opponirt und dadurch den Zorn des Königs geweckt hatte, sah jetzt ein, daß eine Vertheidigung dieses Landes gegen Frankreichs Uebermacht den maritimen Interessen Englands im höchsten Maße förderlich sei, denn dadurch wurden unverhältnißmäßig große Hülfsmittel des Gegners absorbirt.

Wenn wir demnach die Basis charakterisiren wollen, auf der sich das neue Ministerium erhob, so bestand sie erstens in der Gunst des Thronerben, zweitens in dem parlamentarischen Einfluß der Newcastle- und Grenville-Fraction, drittens in der staatsmännischen Begabung und Volksbeliebtheit William Pitts. Die zukünftige nationale Königsmacht hatte sich zur Rettung des Staates im Gegensatz zum regierenden Monarchen mit den Inhabern der Parlamentsmajorität verbündet und so eine sehr eigenthümliche, aber außerordentlich starke Coalition gebildet, die, geleitet von einem genialen Staatsmann, glänzende Resultate erzielte.

Wenn wir diese Entstehungsart und Fundamentirung des Ministeriums im Auge behalten, das bis zum Tode des Königs in unbestrittener Function stand, dann müssen uns auch die Ereignisse nach dem Thronwechsel in neuem Lichte erscheinen. Die herrschende Ansicht, Georg III. und sein Günstling hätten alsbald, unter Begünstigung der Newcastle-Partei, auf den Sturz des großen Staatsmannes hingearbeitet, wird in uns lebhaften Zweifel wachrufen. Ihrer Gesinnung gemäß konnten Jene nur einen solchen Umschwung wünschen, der sie von der whiggistischen Oligarchie emancipirte und die Parlamentsmajorität zersplitterte, mußten sie gerade Pitt zu fördern suchen und zu der Stellung erheben, die er unter Georg II. im eigentlichen Sinne nie erreichen konnte, zum ersten Rathgeber des Königs. Da dies vorerst nicht geschehen, vielmehr Pitt binnen Kurzem zum Rücktritt genöthigt worden ist, so liegt es uns ob, die Vereinbarkeit dieses verhängnißvollen Vorgangs mit unseren obigen Resultaten zu erweisen.

III.

Der Rücktritt William Pitts.

Wenn wir bisher eine enge Alliance zwischen Pitt und dem jungen Hofe nachgewiesen haben, so müssen wir jetzt die bestehenden Gegensätze charakterisiren, Gegensätze, aus denen nach mannigfachen Wechselfällen jene heftige Feindschaft entsprang, die Georg III. seinem verdientesten Minister in dessen letzten Lebensjahren entgegentrug.

Die Bestrebungen des Königs und seines Günstlings waren keineswegs so conform, wie man gewöhnlich annimmt. Ihr principieller Unterschied, aus dem sich die wechselnde Stärke des von Bute geübten Einflusses ungezwungen erklärt, dürfte darin liegen, daß der Favorit seinem Herrn eine sorgenlose Regierung zu verschaffen[1]) und ihn deshalb zu bewegen suchte, die Leitung des Staates tüchtigen, allein von der Krone abhängigen Ministern vertrauensvoll zu überlassen, daß der König dagegen diese Leitung selbst übernehmen und durch pünktlich gehorchende Organe vollziehen lassen wollte. Ueber die der Krone zu erringende Vollgewalt waren sich Beide einig, nur über die Art der Ausübung differirten ihre Ansichten, und je nach Lage der Dinge gelang es der einen oder anderen Tendenz, zeitweilige Geltung zu gewinnen. Der Anschauung Pitts stand Bute näher als sein Gebieter, doch war auch hier ein bemerkenswerther Unterschied vorhanden. Während der Günstling eine volle Beherrschung des

---

[1]) So schreibt Bute am 4. September 1763 nach dem mißlungenen Versuch, Pitt an leitende Stelle zu erheben, an Shelburne: „Ich war der Meinung, daß Mr. Pitts Eintritt ins Ministerium ... eine starke und beständige Regierung geschaffen, alle Gewaltsamkeit der Parteiung beendet und dem Besten der Souveräne ein ruhiges und leichtes Regiment verschafft hätte." Fitzmaurice, L. of Shelb. 1 S. 293 ff.

Parlaments durch Corruption für nöthig hielt, gedachte Pitt dasselbe einer purificirten Volksvertretung gegenüber mit legalen Mitteln zu erreichen. All diese abweichenden Tendenzen werden uns ständig begegnen.

Gestützt auf den parlamentarischen Einfluß der Newcastle-Fraction hatte Pitt die Regierung, vornehmlich die Leitung des Krieges, mit beinahe souveräner Gewalt geführt und dabei seiner durch Erfolg gerechtfertigten herrischen Neigung alle Zügel schießen lassen: der geheime Rath zitterte vor seinem Stirnrunzeln²) und Niemand wagte seinen Anordnungen entgegenzutreten. Daß dies seine Amtsgenossen, auf deren Einfluß seine Macht basirte, in starke Mißstimmung versetzte und den Tag herbeiwünschen ließ, wo sie seiner nicht mehr bedürfen würden, ist nicht zu verwundern, aber auch dem Thronfolger weckte, seiner Gesinnung entsprechend, diese Usurpation der Regierungsgewalt durch einen einzelnen Minister Befürchtungen für die Zukunft, wiewohl er ja selbst für dessen Einsetzung gewirkt hatte. Er erkannte, daß er an Pitt niemals ein bloßes Organ seines Willens haben werde, ja daß er in Gefahr stehe, von ihm ebensolche Behandlung erdulden zu müssen, wie jetzt die Oligarchen. So war es nur natürlich, daß Georg III. gleich nach der Thronbesteigung beschloß, einen treuen persönlichen Anhänger in den geheimen Rath und dann ins eigentliche Ministerium zu bringen, der des Königs Intentionen vertreten sollte. Wer aber konnte ihm hierzu geeigneter erscheinen als Lord Bute, für dessen Erhöhung zu sorgen er seiner Würde schuldig zu sein glaubte.

Wir sind nicht darüber unterrichtet, ob der Günstling seiner Ernennung zum Staatssecretär irgend welchen Widerstand entgegengesetzt hat, doch ist es uns bekannt, daß er sich selbst für wenig geeignet zur Führung der Geschäfte hielt.³) Er traute sich zu, die richtigen Männer zu wählen, nicht aber glaubte er selbst der rechte

---
²) Rigby an Bedford, 13. Oktober 1761. Bedford Corr. III S. 56.
³) Charles Yorke an Hardwicke, 3. September 1762: Er (Bute) sagte, die Last und Arbeit seines Amtes sei zu viel für ihn, unerfahren wie er wäre. Harris III S. 307. — Bute an Shelburne, October 1762: Nächst meiner geringen Erfahrung in Geschäften ist meine Abneigung gegen Bestrafungen ein beträchtliches Hemmniß für mich als Minister gewesen. Fitzmaurice, L. of Shelb. 1 S. 164.

Mann zu sein, und so erschien ihm die Amtsübernahme, wiewohl die damit verbundenen Ehren seinem Selbstgefühl geschmeichelt haben mögen, doch mehr als ein dem König dargebrachtes Opfer. Und dieses Opfer mußte ihm um so schwerer werden, als er dadurch gleich in eine schiefe Stellung zu dem von ihm begünstigten Minister, zu William Pitt gerieth. Unumwunden erklärte ihm dieser, sein Eintritt werde dem Dienst des Königs unvortheilhaft sein.[4])

Es ist kein Grund vorhanden, zu glauben, daß sich das Verhältniß zwischen Pitt und Bute geändert, daß jener in dem Günstling einen Gegner gesehen habe, aber bei aller Freundschaft hatte der Minister Ursache genug, die Erhebung gerade dieses Mannes nicht zu wünschen. Einmal lag die Befürchtung nahe, daß durch ihn ein fremder Wille, der des Königs, in die Geschäftsführung eingreifen und die Einheitlichkeit der Verwaltung, auf die gerade damals viel ankam, stören würde, ferner kannte er die geringen Fähigkeiten Butes und endlich konnte die schottische Herkunft und die Favoriten-Eigenschaft des neuen Kollegen der Beliebtheit des Cabinets Eintrag thun und dadurch dessen Actionen bedenklich erschweren. Unbeschadet seiner eigenen vorurtheilslosen Gesinnung gegen Bute, hielt er es doch für besser, dieser Volksstimmung Rechnung zu tragen, und die Folge hat seiner Ansicht Recht gegeben. Nichts hat der Popularität Georgs III. mehr geschadet, als die Erhebung seines Günstlings an führende Stelle.

Auch der Newcastle-Partei sagte die Beförderung Butes wenig zu. Der ehemalige Kanzler Graf Hardwicke, des Herzogs bester Freund, und der Marquis von Rockingham, jener whiggistische Führer, dem später zweimal die Leitung des Ministeriums zufallen sollte, correspondirten hierüber. Jener hob hervor, es sei das erste Mal, daß der König sich in die Ernennung der Minister mische, ein Widerstand aber sei nicht rathsam, da dies als übler Wille ausgelegt werden und künftig Grund zur Reue geben könnte. Rockingham erwiderte, er würde sich der Ernennung lieber widersetzen, denn wenn man Bute jetzt für geeignet erkläre, das Staatssecretariat zu bekleiden, so könne man nicht im nächsten Jahre behaupten, er ermangele der Fähigkeit,

---

[4]) So erzählt Pitt selbst in einem Gespräch mit Her. Walpole am 31. November 1762. Harris, Life of Hardwicke III S. 322 ff.

erster Minister zu sein[5]). Der Marquis erkannte klar, daß es sich hier nicht um ein einzelnes Zugeständniß, sondern um ein Princip handle, dessen Preisgabe höchst gefährlich werden konnte. Dennoch behielt Hardwickes Ansicht den Sieg. Newcastle selbst setzte die Erhebung Butes durch, da er durch solches Verhalten Pitt am Hofe den Rang abzulaufen hoffte[6]).

Wenn nun auch Bute seinem Herrn gehorchte und gegen den Wunsch Pitts den Posten als zweiter Staatssecretär des Aeußeren an Stelle des abtretenden Lord Holdernesse übernahm, so war er doch weit davon entfernt, seinem nächsten Amtsgenossen Schwierigkeiten zu bereiten und Anlaß zur Klage zu geben. Er war es in erster Linie gewesen, der diesem genialen Staatsmann seine Position geschaffen hatte, er hielt auch jetzt treu zu ihm, wo er selbst an seiner Seite stand und wußte jede Differenz zwischen Hof und Minister zu vermeiden.[7]) Wenn uns in den preußischen Depeschen und anderen gleichzeitigen Quellen von ihrem einträchtigen Zusammenwirken berichtet wird, so sind wir durchaus nicht genöthigt, den

---

[5]) Harris, Life of Hardwicke III S. 242.

[6]) Newcastle an Devonshire, 23. Juli 1762: „In this Reign, I own, I did in Concert with H. Gr. and my Friends, prefer My Lord Bute to Him (Pitt), and was an insignificant Instrument to bring My Lord Bute into the Secretary's Office; I did not think, I should have been, so soon and so well, rewarded for it." Newcastle Pap. Nr. 32 941 S. 36. — Darauf bezieht es sich auch, wenn Pitt in jenem Gespräch mit Walpole äußert: „Wenn Andere so fest gewesen wären, wie er, dann würden die Dinge nicht zur jetzigen Krisis gelangt sein."

[7]) Die preußischen Gesandten constatiren beständig die Eintracht zwischen Beiden. So bemerken sie am 14. April 1761: „qui l'entrée du C. de Bute . . . n'a occasionné jusqu'à présent aucun changement dans les affaires . . . ." und am 4. September 1761: „que quoique le C. Bute et le Chev. Pitt fassent tout ce qui est en leur pouvoir, pour contenir leurs confrères dans le conseil, et pour leur inspirer les sentiments d'élévation et de fermeté, qui les animent, il y en a plusieurs parmi eux, qui commencent à mollir et à témoigner de decouragement." Noch am 11. September 1761 schrieben sie: „daß die Festigkeit in der Haltung Englands „se soutient toujours invariablement dans la personne du Chev. Pitt et du C. de Bute." Berl. Archiv. Immer werden diese beiden Minister dem übrigen Conseil gegenübergestellt. — Auch bei Harris, Life of Hardwicke, finden wir einerseits vom 17. April 1761

Günstling schnöder Heuchelei zu bezichtigen. Sein Verhalten war die richtige Consequenz früheren Handelns. Nicht die Anfeindungen des Hofes, sondern ganz andere Ursachen waren es, aus denen Pitts Rücktritt erfolgte.

In der Gesinnung der Nation hatte sich allmählich ein Wandel vollzogen. Mit Begeisterung war sie in den Krieg gegen Frankreich und später in das preußische Bündniß eingetreten, willig hatte sie große Opfer gebracht und mit Stolz war sie den ruhmvollen Bahnen ihrer Armeen und Flotten gefolgt; als aber der Zweck des Kampfes erreicht war, und es sich darum handelte, die Früchte in Sicherheit zu bringen, der Friede aber immer länger auf sich warten ließ, da mußte doch eine Ungeduld, eine starke Unzufriedenheit Platz greifen, und diese richtete sich selbststrebend gegen den leitenden Minister. Die Staatsschuld war ins Immense gestiegen, da jedes Kriegsjahr gegen 15—16 Millionen Pfund verschlang,[8]) die Steuern erhöhten sich beträchtlich, und wenn auch die großen Seestädte, namentlich London,

---

die Angabe Newcastle's, er habe ein häßliches, ungerechtes, feindseliges und unleidliches Gespräch mit Pitt gehabt (III S. 242) und andererseits vom Juli die Constatirung von Feindseligkeiten zwischen Newcastle und den Verbündeten: Pitt und Bute (III S. 244). — Dementsprechend schreibt Rigby, ein Freund und Anhänger des Herzogs von Bedford, am 18. August 1761 an seinen Patron: „Der Hof hält sich des Sieges sicher, und die Marschälle Bute und Pitt sind sicherlich verbündet." Bedford Corr. III S. 39. — Als ich demgegenüber bei M. Brosch, Geschichte von England VIII S. 346 f. die kurze Behauptung las: „Newcastle ließ sich herbei, im Einvernehmen mit Bute auf den Sturz des ihnen beiden verhaßten, von der Nation angebeteten Ministers hinzuarbeiten;" da war ich neugierig, die dafür angegebene Belegstelle, Chatham Corr. II S. 349, kennen zu lernen. Hier nun findet sich ein Brief von Thomas Nuthall an Pitt vom 14. December 1765, der, wenn überhaupt etwas, so eher das Gegentheil zu beweisen vermag. Pitt hatte am 10. December geschrieben, alles sei jetzt in der Hand Newcastles und mit diesem könne er nicht zusammengehen. Nuthall erwidert, um ihn zu ermuthigen, es gäbe noch eine andere weniger sichtbare, doch nicht weniger gewichtige Hand, die das Council beeinflusse, er meine einen großen Lord, aber nicht den Lord Kanzler. Natürlich zielen die Worte auf Bute und bedeutet die Stelle nichts anderes, als daß Pitt auf die Hülfe des Günstlings bauen solle. Wie Brosch darin eine Stütze für seine auf 1761 bezügliche Behauptung finden will, ist mir völlig unklar.

⁸) Preuß. Ges.-Depesche vom 28. August 1761. Berl. Arch.

denen der Krieg reichen Gewinn eintrug, den Druck weniger empfanden, so war doch die ganze Landbevölkerung nebst den kleineren Communen schwer belastet und daher friedlich gesinnt.⁹) Pitt und Bute erkannten diese Strömung sehr wohl¹⁰) und waren bereit, ihr nachzugeben. Pitt ermahnte den König von Preußen, wenn auch erfolglos, sich mit seinen Feinden zu vergleichen¹¹) und leitete selbst im Sommer 1761 Verhandlungen mit Frankreich ein, die er bald zu glücklichem Ende zu führen hoffte. Alles wäre auch wahrscheinlich glatt verlaufen, wenn nicht Frankreich durch die eben erneuerte bourbonische Familien-Alliance gegründete Aussicht auf spanische Hilfe gewonnen und deshalb den Abschluß gehindert hätte. Choiseuls durchaus ungereimte Forderung, England solle auch einige Beschwerden Spaniens abstellen, einer Macht, die gar nichts mit dem Kriege zu thun gehabt hatte, machte jede Einigung unmöglich: eine Aeußerung des französischen Ministers aber gegen den englischen Unterhändler in Paris, Stanley: er sei zur Aufstellung jener Forderungen durch seine Lage gezwungen gewesen, weckte in Pitt den Verdacht, beide Staaten stünden gegen England im geheimen

⁹) Vgl. Bedford an Bute, 9. Juli 1761. Bedford Corr. III S. 24. — Rigby an Bedford, 27. August 1761. Bedford Corr. III S. 42. Auch die preußischen Gesandten berichten schon am 2. December 1760: „qu'il est réellement presque impossible que l'Angleterre puisse continuer la guerre au dela de la campagne prochaine avec les mêmes forces...; ce fardeau est devenu si accablant...." Berl. Arch. Und so in öfterer Wiederholung.
¹⁰) Schon in einem Gespräch Pitts mit den preußischen Gesandten am 31. März 1761 sagte er ihnen: „que la disposition des esprits, pour le soutien de la guerre en générale et celle du Continent en particulier, était considérablement changée, et qu'elle s'affaiblissait de jour en jour", wie zahllose Brochuren bewiesen; Newcastle habe durch seine Klagen diese Stimmung sehr gefördert. Berl. Arch.
¹¹) Hierüber schreibt M. Brosch VIII S. 346 f.: „Es erfuhr dann auch Friedrich d. Gr., daß Bute und Georg III. auf dem Punkte seien, ihm zu rathen, er möge auch unter Gebietsverlust Frieden schließen. Darüber entrüstet, schüttete er seine Klagen in einem Schreiben an Pitt aus." Nun war es aber Pitt selbst gewesen, der dem preußischen König solche Zumuthungen aus sich heraus gestellt hatte, die Entrüstung Friedrichs richtete sich in diesem Falle gegen Pitt. Preuß. Gei.-Depesche vom 9. Juni 1761. Berl. Arch. Vgl. meine Schrift: Die Auflösung des preußisch-englischen Bündn. S. 4.

Bunde. Durch den derzeitigen preußischen Gesandten am Hofe Karls III., George Keith, einen englischen Verbannten, dessen Begnadigung Friedrich der Große durch Pitt erwirkt hatte, erhielt er die Bestätigung seiner Vermuthung.[12]) Zwar brachte ein Bericht des Grafen Bristol, englischen Vertreters in Madrid, durchaus versöhnliche Erklärungen des spanischen Ministers General Wall: die ganze Sache sei von Frankreich ausgegangen, und habe man die Bemühungen des befreundeten Hofes um die spanischen Interessen nicht hindern zu dürfen geglaubt, auch seien die maritimen Rüstungen des Königreichs nur gegen Seeräuber gerichtet; solche Eröffnungen vermochten aber jene Informationen nicht zu entkräften, um so weniger, als auch Stanley einen Artikel des vermutheten Vertrages übersandte, den er erkundet zu haben behauptete. So brachte denn Pitt zur Ueberraschung des ganzen Cabinets plötzlich einen Antrag auf Abberufung Bristols und sofortigen Beginn der Feindseligkeiten gegen Spanien ein, für die er einen ausgearbeiteten Plan vorlegte.

Hiermit war der Conflict gegeben. Während bisher König, Minister, Parlamentsmajorität und Nation einträchtig zusammengegangen waren, gemeinsam die Kriegführung unterstützt und den Frieden gesucht hatten, trennten sich an diesem Wendepunkt ihre Bahnen. Zu solch einer plötzlichen Umkehr auf einem zu langersehntem Ziele führenden Wege vermochte selbst ein Mann von der Bedeutung und Machtstellung Pitts die übrigen Potenzen nicht zu bewegen. Weder seine Gunst bei Hofe, noch seine Beliebtheit beim Volke reichten aus, um an diesen Stellen seiner Ansicht Geltung zu verschaffen; noch weniger aber konnte das bei der Gewalt gelingen, welcher durch Zahl und parlamentarischen Einfluß die rechtliche Entscheidung zustand, bei Newcastle und seinen Anhängern.

Wir wissen, welche Schwierigkeiten zu besiegen gewesen waren, um sie und Pitt unter einen Hut zu bringen, wie nur die Rücksicht auf Georg III. und seinen prinzlichen Hof den alten Herzog zu diesem Bunde bewogen hatte. Auch das ganze Auftreten des großen Ministers, seitdem er die Macht besaß, hatte wahrhaft freundliche Beziehungen nicht aufkommen lassen und starke Sehnsucht nach Aenderung erweckt. Aus dem Umschwung in der Stimmung der Nation und den schein-

---

[12]) Vgl. Anecdotes of Chatham III S. 210. Appendix K.

bar günstig verlaufenden Friedensverhandlungen hatten dann die Oligarchen Hoffnung geschöpft, bald die Gewalt des Staatssecretärs auf das natürliche Niveau seines Amtes und seines parlamentarischen Einflusses herabdrücken zu können, selbst aber die alte dominirende Stellung zurück zu gewinnen. Diese erfreuliche Aussicht sollte ihnen plötzlich abgeschnitten, der Krieg sollte nicht allein fortgesetzt, sondern bedeutend erweitert, ihre Emancipation auf unbestimmte Zeit vertagt werden, und zwar durch eine Maßregel, deren Nothwendigkeit sie selbst bei völlig objectiver Beurtheilung nicht einzusehen vermochten. Die Unvermeidlichkeit der projectirten Action hätte über jeden Zweifel erhaben sein müssen, wenn sie ihre Billigung finden sollte. So schlimm schien aber die Sache durchaus nicht zu stehen, im Gegentheil, General Wall hatte ja die besten Versicherungen gegeben, und jene Informationen Stanleys genügten keineswegs, um einen derartigen Gewaltschritt zu rechtfertigen. Die Hoffnung der Whigs auf Abwendung der Gefahr war völlig aufrichtig, meinten sie doch die Hereinziehung Spaniens sei nur eine Finte Choiseuls gewesen, der durch Insichtstellen neuer Verwickelungen günstigere Bedingungen zu erreichen wünschte.[13] Und was konnte es schlimmsten Falles schaden, wenn die Spanier etwas Zeit gewannen. Die Silberflotte, die gerade von Amerika unterwegs war und auf deren Wegnahme Pitt besonderes Gewicht legte, war selbst bei größter Eile kaum noch zu erreichen. Es ist wohl anzunehmen, daß Newcastle und die Seinen in dieser Cabinetsfrage sogar dem Hofe, dem der

---

[13] Hardwicke an seinen Sohn Lord Royston, 22. August 1761: „Der natürlichste Schluß scheint mir zu sein, daß Frankreich, ängstlich bemüht, die verderblichen Zugeständnisse zu vermeiden, welche seine Stellung unter den Nationen herabgedrückt hätten, das spanische Bündniß gesucht hat, in der Hoffnung, England könne sich, aus Furcht in einen neuen Krieg verwickelt zu werden, bewegen fühlen, die Strenge seiner Bedingungen zu ermäßigen. Diese Erwartungen mögen durch die friedlichen Aeußerungen des Königs und Lord Butes gestärkt worden sein. Zum Unglück für alle betheiligten Länder brachte der von Frankreich eingeschlagene Kurs gerade die entgegengesetzte Wirkung hervor. Mr. Pitts Zorn, weit entfernt sich zu besänftigen, wendete sich in einen neuen Canal." Albemarle, Memoirs of Rock. I S. 35 f. — Aehnlich schreibt Hor. Walpole an Conway, 25. September 1761: „Ich bin nicht der Meinung, daß Spanien solche Absicht hat: sie geben Frankreich Geld um den Krieg hinzuziehen, von dem sie in ihrem friedlichen Zustand so viel Vortheile ziehen."

Herzog sich sonst gern nachgiebig bezeigte, Widerstand geleistet hätten, um wieviel mehr mußten sie auf ihrer Ansicht beharren, da sie auch hier unerwartetes Entgegenkommen fanden. Das Abkommen mit Pitt auf Unterstützung seiner Politik vermochte sie bei Aussicht auf solche Hilfe nicht mehr zu binden.

Wiewohl der König und sein Günstling in dem Antragsteller noch immer einen Freund und Bundesgenossen gegen die whiggistische Parlamentsmajorität erblickten, so sahen sie sich doch veranlaßt, seinen jetzigen Forderungen entgegenzutreten. Einmal wird die fast unbeschränkte Gewalt des Ministers dem selbstbewußten Herrscher schwere Bedenken erregt und eine gelegentliche Dämpfung wünschenswerth gemacht haben, dann aber lag dem Hofe viel an der baldigen Beendigung des Krieges, durch dessen Fortsetzung er die Parteiherrschaft zu fördern und die Gunst der öffentlichen Meinung zu verlieren fürchtete.[14] Schon im Sommer 1761, bevor und als die Antwort auf das französische Ultimatum in Frage stand, hatten sich die Whigs, vornehmlich Bedford und Devonshire, alle Mühe gegeben, Georg III. und Bute den Intentionen Pitts zu entfremden und zu nachgiebigerem Verhalten gegen Frankreich zu bestimmen;[15] auch scheinen ihre Vorstellungen nicht ohne Wirkung geblieben zu sein, denn Devonshire schreibt am 15. August nach einem langen Gespräch mit dem König an Bedford: er schmeichle sich, das nächste Council werde einige Aenderung aufweisen,[16] und am 18. nach einer Unterredung mit Bute: der Günstling werde am nächsten Tage mit ihnen gleicher Ansicht sein, „denn was immer seine frühere Meinung gewesen sein mag, Sie werden sehen, er giebt sie auf und steht auf unserer Seite."[17] Aber der König wollte es vermeiden, selbst gegen

---

[14] Die preußischen Gesandten heben später wiederholt hervor, daß Bute den Frieden brauche, um sich zu halten: „que, si le C. Bute ne parvient pas à la conclusion de la paix avant l'hyver .... l'état sera déchiré par de violentes factions, qui occasionneront infailliblement la chute de ce Ministère" (25. Mai 1762) und daß „pour tranquiliser le peuple l'on annonce la paix comme immanquable et prochaine" (28. Mai 1762). Berl. Arch.

[15] Bedford an Bute, 9. Juli 1761 und Bute an Bedford, 12. Juli 1761. Bedford Corr. III S. 24 und 32. Hierbei sehen wir Bute Bedfords Ansichten bekämpfen.

[16] Devonshire an Bedford, 16. August 1761. Bedford Corr. III S. 36 f.

[17] Devonshire an Bedford, 18. August 1761. Bedford Corr. III S. 41.

den großen Minister aufzutreten, darum ließ er, wie Devonshire in demselben Briefe erzählt, Bedford, den Hauptvertreter der Friedenspolitik, dringend ermahnen, in der bevorstehenden Rathsversammlung zu erscheinen. Da dies nicht geschah, weil man ihm nicht, wie er verlangte, einen directen Befehl schicken und damit die Leitung in die Hand geben wollte, so behielt Pitt noch einmal den Sieg; seine Formulirung der an den französischen Unterhändler, Mr. Bussy, zu ertheilenden Antwort wurde genehmigt, und Rigby schrieb an seinen Patron: „Mr. Pitt, das ist klar, regiert doch."¹⁸) Als indessen die vorhin beschriebene Wendung eintrat, als Pitt seine Forderungen bis auf eine sofortige Kriegserklärung gegen Spanien steigerte, da konnte auch Bute als Organ des Königs nicht umhin, die Gegner seines Amtsgenossen zu unterstützen.

Es ist aber hierbei wohl zu beachten, daß die Newcastle-Fraction und nicht der Günstling die treibende Kraft war, durch welche Pitt zum Rücktritt gedrängt wurde. Das geht aus dem Bericht des preußischen Gesandten hervor, welcher besagt, daß „le C. de Bute.... ne soutient point le Chev. Pitt comme il le faisait alors, mais se laisse plustôt entrainer par le torrent."¹⁹) Und wenn der Günstling am 8. October selbst an Lord Melcombe schreibt: „denn mir ist das Gerede nicht unbekannt, das in der großen City umgeht: an unseres Lieblings Rücktritt ist Lord Bute schuld, der ihn hätte verhindern sollen durch den König, er ist für alle Folgen verantwortlich...,"²⁰) so erhellt, daß ihm der Gedanke, man könne ihm die Initiative zu dieser Transaction zuschreiben, völlig fern lag. Nur die Nichtverhinderung wurde ihm zum Vorwurf gemacht.

Auch sind dem schottischen Grafen die Folgen seines Verhaltens, die Abdankung Pitts, einigermaßen unerwartet und unerwünscht gekommen, denn am 9. October sagte er zu Knyphausen und Michell: „qu'il était bien douloureux pour lui, que la seule fois qu'il y eut en difference d'opinion dans le Conseil entre lui et son Collegue, ent entrainé des suites si facheuses;" ²¹) und am 8. schrieb er an Melcombe auf dessen Glückwunsch: „Was ich auch

---

¹⁸) Rigby an Bedford, 27. August 1761. Bedford Corr. III S. 42.
¹⁹) 29. September 1761. Berl. Arch.
²⁰) Adolphus, H. of England I S. 572.
²¹) Depesche vom 9. October 1761. Berl. Arch.

immer für besondere Gründe zur Unzufriedenheit mit der verflossenen Verwaltung gehabt haben mag, so bin ich doch weit entfernt, zu glauben, daß ihre Auflösung im gegenwärtigen Moment günstig für des Königs Angelegenheiten sei." [22]) Dementsprechend schreibt Walpole am 6. October: „Nächst unserm Lande und uns selbst bedaure ich den jungen König;" und am 8.: „Man hat sich größere Mühe gegeben, ihn wieder herzustellen, als man zu seiner Vertreibung anwendete." [23])

Die Entscheidung fiel am 2. October. Nachdem man schon zweimal über die Frage verhandelt hatte, kam es an diesem Tage zur Abstimmung. Pitt und Temple erklärten, in keinem Punkte von ihren Vorschlägen abgehen zu wollen. Darauf votirten alle Anwesenden, die Lords Granville, Devonshire, Hardwicke, Anson, Ligonier, Mansfield, Bute gegen das vorgelegte Document. Temple verließ den Saal alsbald, Pitt eröffnete in längerer Rede seinen Entschluß zurückzutreten. [23]) Am 5. October legten beide ihre Siegel in des Königs Hände.

Wenn man das Verhalten des großen Staatsmannes unbefangen betrachtet, so muß es doch einigermaßen befremden. Gewiß hatte er mit seinem Antrage vollkommen recht, gewiß zeigte er sich mit dessen Einbringung als weitschauender Staatsmann, der seine Genossen an Einsicht übertraf, damit aber läßt sich sein schroffes Verfahren einer Versammlung gegenüber nicht rechtfertigen, deren Aufgabe es war, nicht sich einem höheren Willen zu unterwerfen, sondern ihre eigene Ansicht gewissenhaft kundzugeben. Wenn sonst häufig die Voten im Council von Parteirücksichten dictirt wurden und Antragsteller aus der Ablehnung ihrer Proposition auf eine feindliche Gesinnung der Mehrheit schließen konnten, so war dies bei der Sitzung des 2. October nicht eigentlich der Fall. Die Whigs nicht minder als der Vertraute des Königs widersprachen aus sachlichen Motiven und nicht mit der Absicht Pitt zu stürzen,[24]) zu persönlicher Gereiztheit war also kein Grund vorhanden.

---

[22]) Adolphus, H. of England I S. 572.
[23]) Walp.-Lett. III S. 446 f. Newcastle an Bedford, 2. October 1761. Bedford Corr. III S. 46.
[24]) Selbst Lecky III S. 34 giebt zu, daß es nicht die Absicht der Majorität gewesen sei, Pitt aus dem Amt zu treiben, und die preußischen

Und war die sofortige Genehmigung der Kriegserklärung wirklich so wichtig, daß der Staatssecretair ohne sie sein Amt nicht mit Ehren fortführen, für den glücklichen Ausgang nicht einstehen konnte? Dagegen sprechen Pitts eigene Aeußerungen, aus denen eine ziemliche Geringschätzung der spanischen Macht hervorgeht, dagegen spricht auch der Umstand, daß der Doppelkrieg trotz späteren Beginns von einem weit minder fähigen Ministerium aufs ruhmvollste beendigt worden ist. England verlor durch Aufschub der Feindseligkeiten manchen Vortheil, es wurde aber dadurch nicht in eine dermaßen ungünstige Lage versetzt, daß sich eine Ablehnung fernerer Verantwortlichkeit damit begründen ließe. Ein patriotischer Staatsmann wie Pitt durfte gerade in diesem kritischen Moment vor einem so leicht vorauszusehenden Hinderniß nicht zurückschrecken, um so weniger, als er ja überzeugt war, daß der Verlauf der Dinge ihm sehr bald Recht geben würde. Er mußte einer machtbegabten Versammlung gegenüber sorgsam laviren, erreichen, was zu erreichen war, und das Weitere für bessere Gelegenheit aufsparen, nicht aber durch schroffen, befehlshaberischen Ton ihren Widerstand herausfordern und dann allen Schwierigkeiten den Rücken kehren.

Wenn Pitt im Laufe der Verhandlung hervorhob, er sei durch den Ruf des Volkes ins Ministerium gelangt und diesem für sein Verhalten Rechenschaft schuldig, er wolle nicht in einer Stellung verharren, die ihn für Maßregeln verantwortlich mache, an deren fernerer Leitung er verhindert werde, so verletzte er damit nicht allein seinen bisherigen Gönner, den König, sondern auch die Wahrheit. Man erzählt, wiewohl dies von anderer Seite bestritten wird, der Präsident des Rathes, Graf Granville (einst Lord Carteret), habe ihm erwidert: wenn er allein das Recht beanspruche, den König zu berathen und die Kriegsoperationen zu leiten, wozu seien dann die Uebrigen zum Rath berufen; in dieser Behörde sei er dem Könige und nicht dem Volke verantwortlich, und wenn er von seiner Un=

Gesandten berichten am 9. October: „il (Bute) nous insinua qu'il avait lieu de soupçonner que le Chev. Pitt effarouché de la situation épineuse et delicate, ou so trouvait l'État par l'éloignement de la paix, n'avait cherché qu'un prétexte pour tirer son épingle du jeu et pour so menager une retraite glorieuse qui le laissat jouir tranquillement de la réputation qu'il s'était acquise . . ." Berl. Arch.

fehlbarkeit überzeugt sei, so müßten sie erst ebenfalls deren versichert werden, bevor sie ihre Meinung der seinigen unterordnen und seinen Maßregeln zustimmen könnten.²⁵) — Mag diese Aeußerung nun gefallen sein oder nicht, jedenfalls war es die der Sachlage entsprechende Erwiderung, denn wiewohl Pitt durch das Abkommen mit Newcastle besondere Vorzugsrechte erlangt hatte, so besaß er doch weder rechtlich noch thatsächlich die Stellung eines allein verantwortlichen Premierministers im heutigen Sinne, der von dem großen Rath Gehorsam oder Entlassung fordern mußte.²⁶)

Pitts Rücktritt war zweifellos ein Fehler und zwar halte ich ihn für den verhängnißvollsten seines Lebens, da er nicht allein ihn selbst an voller Entfaltung seines Genies verhindert, sondern auch den Staat in einen lang dauernden Zustand der Unsicherheit gestürzt hat, aus dem der große Staatsmann selbst ihn später nicht mehr herauszureißen vermochte. Und wenn man fragt, was ihn zu diesem Fehler veranlaßt hat, so lassen sich drei Gründe anführen. Einmal machte es ihm sein angeborner, durch lange Amtsführung gesteigerter Trieb, zu herrschen, besonders schwer in Dingen, die ihm wichtig schienen, nachzugeben, ferner empörte ihn der Vertragsbruch der Newcastle-Partei, auf deren Unterstützung er Anspruch erhob, und endlich muß er von befreundeter Seite gereizt und verhindert worden sein, die Situation im rechten Lichte zu betrachten. Wenn uns auch keine Beweise dafür zu Gebote stehen, so liegt doch der Verdacht nahe, daß Lord Temple, dessen intriganter Character aus späterem Verhalten hervorleuchtet, seine Hand stark im Spiele gehabt hat. Er war es ja, der seinen Verwandten kurz darauf veranlaßte, zum Lord Mayors Dinner in Guild Hall zu erscheinen, wo er dann vom Volke in Gegenwart des kaum beachteten Königs laut umjubelt und gefeiert wurde, ein Schritt, der vielfach getadelt²⁷) und später von Pitt selbst als Fehler bereut wurde.²⁸) Lord Temple auch suchte den Schwager

---

²⁵) Adolphus, H. of England I S. 43f. Jesse, Reign of Georg III., 1 S. 83.
²⁶) Vgl. Walpoles Brief an Conway vom 26. October 1761. Er tadelt scharf Pitt's Ausdruck „guide", den sich der Rath nicht habe bieten lassen können.
²⁷) Walp.-Lett. III S. 460.
²⁸) Macaulay, Essays S. 757.

später wiederholt von der Uebernahme der Cabinetsleitung zurück=
zuhalten und namentlich seine Verbindung mit Bute zu hindern,
somit ist ein wirksamer Einfluß dieses unruhigen Kopfes beim Rück=
tritt Pitts nicht unwahrscheinlich. Die schöne Einigkeit plötzlich zu
sprengen, den Hof in die größte Verlegenheit zu bringen und nebenbei
den gehaßten Schotten [29]) der Buth des Boltes aussetzen zu können,
das war ein Coup ganz nach des Grafen Sinn.

Vom Standpunkt der herrschenden Anschauung, nach welcher
Pitt den Machinationen des Hofes zum Opfer gefallen ist, bleibt es
nun völlig unerklärlich, wie der gestürzte Staatsmann in diesem
Moment beträchtliche Vortheile und Gnadenbeweise aus der Hand des
Königs hat annehmen und in solcher Weise hat annehmen können,
wie er es in Wahrheit gethan hat. Bei Uebergabe der Siegel empfahl
er sich selbst der Güte des Monarchen.[30]) Es wurde ihm hierauf
angedeutet, er möge sich um Erhebung seiner Gattin zur Peerschaft
und event. um ein unpolitisches Amt bewerben. Wenn er nun auch
das Letztere ablehnte, so befolgte er doch im Uebrigen diesen Wink,
und wurde seiner Bitte gemäß Lady Hester Pitt zur Baronin Chatham
erhoben, ihm selbst aber eine Jahrespension von 3000 Pfund Sterling
zuerkannt.

Als sich der entlassene Staatsmann am folgenden Tage dafür
bedankte, weinte er Thränen der Rührung über die Gnade des jungen
Souveräns und brach in die Worte aus: „Ich gestehe, Sire, ich hatte
nur zuviel Grund Ew. Majestät Mißfallen zu erwarten. Ich war
auf solch außerordentliche Güte nicht vorbereitet. Verzeihung, Sire,
sie überwältigt mich, sie drückt mich nieder".[31]) Und dies war nicht
etwa eine momentane, unüberlegte Aufwallung, die er nachher bereut
hätte. Seine Briefe an Bute und Andere zeigen dieselbe über=
schwänglich dankbare Gesinnung durch eine Fassung, welche weit über
die jener Zeit üblichen höfischen Phrasen hinausgeht.

Ein vom 3. Oktober 1761 datirter Brief an den Günstling des
Königs beginnt folgendermaßen:[32]) „Mylord! Ueberwältigt von der

---

[29]) Es ist nicht anzunehmen, daß der Haß gegen Bute erst diesem
Vorfall seine Entstehung verdankt, er hätte sich sonst leichter beseitigen lassen.
Seine wahren Wurzeln sind uns freilich unbekannt.
[30]) Newcastle an Bedford, 6. October 1761. Bedford Corr. III S. 48.
[31]) Massey, H. of England I S. 89 f.
[32]) Chatham Corr. II S. 149.

weitreichenden Gnade und Güte, die mir Se. Majestät bezeigt, bitte ich Ew. Lordschaft um die Gunst, mich zu des Königs Füßen zu legen mit dem ergebensten Tribut einer ungeheuchelten und respectvollen Dankbarkeit. In Erkenntniß der freigebigen Gnade meines gnädigsten Souveräns und Herrn bin ich verwirrt von der Herablassung, mit der er seinem Diener zu erlauben geruht, darüber nachzudenken, welche Art der Aeußerung königlicher Wohlthätigkeit mir am meisten zusagen würde. Jedes öffentliche Bezeigen der Billigung Seiner Majestät, das solcher willig spendenden Quelle der Gnade entströmt, wird mein Trost und mein Ruhm sein . . . ." Nachdem er dann seinen Wünschen in gleich devoter Form Ausdruck gegeben, endigt er: „Ich kann diesen schon allzulangen Brief nicht schließen, ohne Ew. Lordschaft meinen warmen Dank auszudrücken für die verbind= liche Art, in der Sie mir Seiner Majestät gnädige Absichten über= mittelt haben, und Ew. Lordschaft zu versichern, daß ich auf die günstige Gesinnung, die es Ihnen gefallen hat mir auszudrücken, immer hohen Werth legen werde."

Einen entsprechenden Inhalt weist das Dankschreiben nach Empfang der Gnadenbeweise, ebenfalls an Bute gerichtet und vom 8. October datirt, auf.[33]) „Ich habe keine Worte," heißt es darin, „die Gefühle der Verehrung und Dankbarkeit auszudrücken, mit denen ich die Zeichen unbegrenzter Milde und Gunst empfange, die sich der Gnädigste der Souveräne herabgelassen hat, mir und denen zu gewähren, die mir am theuersten sind. Ew. Lordschaft wird sich nicht wundern, wenn mir in Folge der Empfindungen, die meine Brust völlig beherrschen, die Kraft versagt, ihre Stärke zu be= schreiben. . . . ." Und ähnlich ein Brief Pitts an seinen Freund William Beckford,[34]) den nächstjährigen Lord=Mayor von London, dem hauptsächlich die Volksdemonstrationen zu Gunsten des gestürzten Ministers zuzuschreiben sind.

Das Verhalten Pitts war seinen Freunden und Feinden un= faßlich, erschien ihnen als eine Verleugnung seiner Würde. Wie

---

[33]) Chatham Corr. II S. 152.
[34]) Die Stelle lautet: „Höchst gnädige öffentliche Bekundungen von Sr. Majestät Billigung meiner Dienste folgten meinem Rücktritt. Sie sind unverdient und unbegehrt; und ich werde immer stolz sein, sie vom Besten der Souveräne empfangen zu haben." Chatham Corr. II S. 158 f.

konnte er, der sich noch soeben im Council mit stolzen Worten als Vertrauensmann des Volkes bezeichnet und der Krone gegenüber an seiner Meinung festgehalten hatte, jetzt von denen, die ihn hierfür seines Amtes entließen, dem König und seinem Favoriten, in unterwürfigster Weise materielle Vortheile entgegennehmen![35]) Seine Anhänger trugen es schwer, daß der große Mann hierdurch in die Reihe der königlichen Pensionäre, der Bestochenen einträte,[36]) die Tories dagegen verübelten dem König die Begünstigung Pitts, da er versprochen habe, nicht durch Corruption zu regieren.[37])

Auch die neueren Darsteller vermögen sich über diesen Punkt nicht hinwegzusetzen und eine annehmbare Begründung zu liefern. Sie schieben dem Hofe nach Walpoles Vorgang[38]) die Absicht unter, Pitts Popularität zu unterminiren, und beschuldigen ihn selbst einer unbesiegbaren Schwäche gegen königliche Gunstbezeugungen, die mit seinem sonstigen Selbstbewußtsein eigenthümlich contrastirt habe und dem Grafen Bute wohlbekannt gewesen sei.[39]) Derart dürfte sich der Vorgang doch nicht erklären lassen. Einem Gegner, der ihn gekränkt und zum Verlassen seines Amtes genöthigt hätte, auch wenn es der König war, würde ein Mann wie Pitt nicht mit unterwürfigem Danke, fast wie ein Schuldiger, entgegengetreten sein. Eine solche Meinung ist zu erniedrigend, als daß wir sie von dem stolzesten, selbständigsten Staatsmann Englands hegen dürften.

Nach unserer Auffassung jener Vorgänge löst sich der scheinbare Widerspruch ohne Schwierigkeit. Pitt hatte vor seinem Amtsantritt mit Newcastle ein Abkommen getroffen, wonach ihm die unbeschränkte Leitung der auswärtigen Politik überlassen, die volle Hülfe der Whigpartei zugesprochen war. Von dieser Partei also verlangte er Billigung seiner Anordnungen. Da nun der Herzog und seine Anhänger jene, seiner Meinung nach durchaus nothwendige Maßregel nicht unterstützen wollten, so hielt er den Vertrag für verletzt, eine Lösung der

---
[35]) Vgl. Chatham Corr. II S. 159f. Anm. 1.
[36]) Dr. Birch an Lord Royston, 5. October 1761. Harris, Life of Hardwicke III S. 260f. Walpole an Conway, 12. October 1761. Walp.-Lett. III S. 453f.
[37]) Rigby an Bedford, 12. October 1761. Bedford Corr. III S. 51f.
[38]) Walpole, Memoirs of Georg III., I S. 82f.
[39]) Massey, Hist. of England I S. 89.

Verbindung für zulässig. Wenn er jetzt seine Entlassung nahm, so brach er nicht mit dem König, denn diesem konnte er die Vertretung entgegengesetzter Ansichten weder verwehren noch verdenken, sondern er brach mit seinen whiggistischen Amtsgenossen. Wären diese ihm beigetreten, dann hätte sich auch der Hof gefügt[40]) und Bute wäre es nicht eingefallen, seinen Collegen zu bekämpfen; ohne ihre Hülfe aber konnte, wie damals die Machtverhältnisse lagen, auch die Billigung des Königs seine Maßregel nicht zur Annahme bringen.

Wenn nun auch Pitt sich den Whigs gegenüber im Rechte fühlte, so war er sich doch nicht minder bewußt, dem König, seinem Gönner, dessen Protection er seine Erhebung verdankte, Ungelegenheiten verursacht, ihn in gefährlichem Moment im Stich gelassen zu haben. Er konnte zweifeln, ob Georg die Motive seines Handelns richtig verstehen und ihm Gerechtigkeit widerfahren lassen werde, er mußte befürchten, sich auch den Hof, von dessen Gunst seine politische Zukunft voraussichtlich abhing, verfeindet zu haben, um so mehr, als er sich vielleicht nicht verhehlte, in seinen Aeußerungen zu weit gegangen zu sein. Da konnte es ihn wohl erfreuen, ihn mit Rührung und Dankbarkeit erfüllen, daß ihm gerade von höchster Stelle solch große Gnadenerweisungen zu Theil wurden, und von diesen aufrichtigen Gefühlen geben seine oben erwähnten Briefe in etwas überschwänglicher Weise Zeugniß. Eine Ablehnung der königlichen Erbietungen, wie sie ungereimter Weise von vielen seiner Verehrer erwartet wurde, ist ihm offenbar gar nicht in den Sinn gekommen.[41])

Auf der anderen Seite liegt keinerlei Grund vor, zu meinen, der König hätte mit diesen Begünstigungen den Zweck verfolgt, den gestürzten Staatsmann zu discreditiren und seiner Popularität zu

---

[40]) So sagte der König bei der Siegelübergabe selbst zu Pitt, „er sei betrübt, von ihm zu scheiden, aber in dem fraglichen Punkte stimme er so sehr mit der Majorität seines Rathes überein, daß er selbst für den Fall, daß diese mit Pitt gleicher Meinung gewesen wäre, sich, wiewohl er ihrer Ansicht nachgegeben haben würde, nur schwer dazu hätte entschließen können." Newcastle an Bedford, 6. October 1761. Bedford Corr. III S. 48. — Der König hätte sich also auch der entgegengesetzten Meinung gefügt, wiewohl mit schwerem Herzen.

[41]) Die preußischen Gesandten sahen in der Annahme eine offenbare Hinneigung Pitts zum Hofe, die ihnen damals nach seiner bisherigen Stellung zu Bute gar nicht wunderbar erscheint: Sie „est de tres grande importance,

berauben. Es entspricht vollkommen den Neigungen und Tendenzen Georgs III. und seines Günstlings, wenn sie dem von der Newcastle=Partei im Stich gelassenen Minister Zeichen des Wohlwollens gaben, denn auch ihnen war diese Fraction in hohem Maße verhaßt, ihr Bestreben lief, wie sich bald zeigen sollte, darauf hinaus, die Macht der Oligarchen zu brechen und die königliche an deren Stelle zu setzen.

Bis hierher also standen sich der Hof und William Pitt keineswegs feindlich gegenüber, erst die Amtsführung Butes gab zu wirklichen dauernden Verstimmungen Anlaß.

vû que c'est un gage des bonnes intentions du Sr Pitt en faveur de la Cour, de l'opposition du quel dans le Parlement on paraît maintenant n'avoir plus rien à apprehendre outre que cette demarche servira à calmer le peuple et à appaiser ses partisans." Dereide vom 9. October 1761. Berl. Arch. Erst am 15. December berichten sie, „que l'animosité qui regne entre le Chev. Pitt et le parti de la Cour va journellement en augmentant."

Zu unserer Auffassung stimmt es auch, wenn Rigby am 12. October an Bedford schreibt: „Pitt war beim Empfang, aber man sagt mir, Wenige nahmen Notiz von ihm, er ist indessen vollkommen zufrieden." Bedford Corr. III S. 51 f.

IV.
Amtsführung und Rücktritt des Grafen Bute.

Die Politik Lord Butes, wie sie sich nach dem Rücktritt William Pitts gestaltete, richtete sich, den Wünschen seines Herrn entsprechend, auf Stärkung der königlichen Prärogative. Zu diesem Zweck aber galt es einerseits die Wünsche der Nation zu erfüllen und einen ehrenvollen Frieden herzustellen, andererseits die Macht der Oligarchie zu brechen, vor der das Königthum so lange hatte zurücktreten müssen. Eine gleichzeitige Inangriffnahme beider Aufgaben wäre nur im Bunde mit dem gestürzten Staatsmann möglich gewesen, denn nur dieser besaß Kraft und Ansehen genug für solches Unterfangen: ohne ihn war vorerst ein einträchtiges Zusammengehen mit der Newcastle-Fraktion, eine Benutzung ihres Einflusses und ihrer staatsmännischen Talente dringend geboten, denn wiewohl der Günstling nicht an die Feindschaft Spaniens geglaubt hatte, so wagte er doch nicht, auf baldigen Frieden mit Frankreich zu hoffen.[1]) So ist das Bedauern leicht erklärlich, mit welchem Bute seinen Collegen scheiden sah, fühlte er sich doch durch dies Ereigniß seinem Ziele ferner gerückt, in unerwünschte Abhängigkeit gebracht und mit schwerer Verantwortung belastet.[2])

---

[1]) Bute an Lord Melcombe, den 8. October 1761: „aber da wir es mit einem höchst verrätherischen Feinde zu thun haben, dessen schändliche Ausflüchte wir erst soeben erfuhren, so müssen wir mit verdoppelter Kraft und verdoppeltem Muthe vorgehn, bevor wir hoffen können, ihn zu einem solchen Frieden zu bewegen, wie ihn unser Land nach den vielen Eroberungen zu erwarten berechtigt ist und wie ich ihn unterzeichnen kann." Adolphus, Hist. of England I S. 572.

[2]) Bute an Bedford, den 10. October 1761: „Ein Mann wie ich, der von seinem Souverän mit so parteiischem Auge angesehen wird, muß in

Doch die Sache ließ sich besser an als er erwartet hatte. Zwar war die Kriegserklärung gegen Spanien nicht zu vermeiden, zwar erlitt der deutsche Bundesgenosse schwere Verluste — Schweidnitz und Colberg fielen in Feindes Hand —, bald aber klärte sich der Horizont, einmal durch die Thronbesteigung Peters III von Rußland, des preußenfreundlichen Kaisers, und dann durch glückliche Ereignisse in den Colonien, wo die von Pitt gestreute Saat aufzugehen begann. Die im Februar erfolgte ruhmvolle Eroberung der Insel Martinique setzte den Minister in Stand, mit Aussicht auf Erfolg Friedensverhandlungen einzuleiten, und so konnten bereits am 8. April die ersten Eröffnungen geschehen.

Diese Wendung machte es dem Günstling möglich, sich jener anderen whiggistischen Gruppe zu nähern, als deren Haupt der Herzog von Bedford, damals Geheimsiegelbewahrer, anerkannt war,[3] denn diese Fraktion vor allen hatte friedlicher Politik das Wort geredet, von hohen Forderungen abgemahnt und noch kürzlich die Fortsetzung des Continentalkrieges im Gegensatz gegen Newcastle und Bute bekämpft. Wenn man ihr einige Concessionen machte, was bei der neuerlich eingetretenen Spannung mit Preußen nicht allzuschwer war, dann konnte sie durch ihren Einfluß die Stellung Butes so verstärken, daß er es wagen konnte, die Oligarchen der königlichen Prärogative zu berauben und ihre Macht zu brechen.

solch kritischen Stunden hohe Verantwortung tragen: Der Austritt Mr. Pitts hat diese Verantwortlichkeit beträchtlich vermehrt." Bedford Corr. III S. 50f. H. Walpole schreibt am 28. December 1761: „Vor drei Wochen war er (Pitt) zu Nichts herabgesunken; der erste Unglücksfall wird die Nation nach ihm schreien machen. Das wird im Munde seines zukünftigen Plutarch sehr gut klingen; aber wenn er sich zum Frieden herbeigelassen hätte und sich seine Eroberungen gesichert hätte, würde nicht sein Charakter zum mindesten ebenso liebenswerth gewesen sein? Ein einziges gespartes Leben wäre so viel werth wie Peru und Merito, die er sicherlich unterwerfen will im Moment wo wir vernichtet sind und er unentbehrlich wird." Walp.-Lett. III S. 472. Eine Stelle, sehr bezeichnend für die Denkart der höheren Kreise.

[3] Schon gleich nach Pitts Rücktritt hatte Bute Bedford umwerben. Am 10. October schreibt er dem Herzog: „Seine (Bedfords) Unterstützung muß jedem Minister höchst fühlbar sein, keinem aber so sehr als mir, der ich mir schmeichle, seiner Freundschaft nicht unwerth zu sein, selbst wenn ich ... eine etwas abweichende Meinung haben sollte." Bedf. Corr. III. S. 50f.

So begann der kurze Kampf zwischen der königlichen und oligarchischen Gewalt, dessen Ausgang leicht vorherzusehen war. Die einzelnen Mitglieder der Newcastle=Partei wurden nach und nach zum Rücktritt oder zum Abfall von ihren Führern bewogen, fügsame Persönlichkeiten lösten die Widerstrebenden ab, Stimmen wurden in großer Zahl gewonnen und schließlich sah der greise Herzog seine einst dominirende Macht unter seinen Händen zerronnen. Trotzdem die Mehrzahl der Aemter, ein großer Theil der Parlamentssitze durch ihn oder unter seinem Einfluß vergeben waren, wandten sich deren Inhaber von ihm ab und dem aufgehenden Gestirne zu.[4]

Wiewohl Newcastle vom König stets ungnädig, fast mit Weg= werfung behandelt worden war, ein Verhalten, das ihm bittere Klagen entlockte,[5] so hielten er und die Seinen es doch für völlig unnatür= lich, daß ein Herrscher aus dem Hause Braunschweig ihre Dienste verschmähen sollte, wo doch die Dynastie ihre Erhebung nur ihnen zu verdanken hatte.[6] Es bedurfte mannigfacher Zurücksetzungen und Demüthigungen, bis sie sich von dieser Thatsache überzeugten und die Unhaltbarkeit ihrer Stellung erkannten. Endlich aber riß dem alten Staatsmann seine zähe Geduld und benutzte er den nächsten Anlaß zum Rücktritt. Ein schroffer Gegensatz in den politischen An= schauungen war nicht vorhanden, nur in der preußischen Angelegen= heit waltete zwischen Bedford und Newcastle eine gewisse Meinungs= verschiedenheit ob, die sich unter anderen Umständen leicht hätte aus= gleichen lassen. Während nämlich der erste Lord des Schatzes die Subsidienverweigerung zwar gerechtfertigt, aber jetzt noch nicht rathsam erklärte, wollte Bedford von nochmaliger Auszahlung nichts wissen. Diese Frage ward jetzt aufgeworfen und bekundete Bute dadurch seine neue Stellung zu den Parteien, daß er jetzt auf des jüngeren Herzogs Seite trat und damit gegen Preußens Interessen entschied. Newcastle und ein Theil seiner Anhänger nahmen aus dieser Nieder= lage Veranlassung, ihren Aemtern zu entsagen. Der Günstling folgte als erster Lord des Schatzes und übertrug sein bisheriges Amt, das Staatssecretariat des Aeußeren, auf George Grenville, der sich wegen

[4] Vgl. Lecky III S. 40 ff.
[5] Jesse, Reign of Georg III., 1 S. 120 f.
[6] Burke, Thoughts on the present Discontents; angeführt bei Albemarle, Memoirs of Rockingham I S. 111.

seiner Hinneigung zu Bute mit seinem Bruder Temple überworfen hatte.⁷) Es war gewiß ein gefährliches Wagniß, so lange vor Abschluß des Friedens die mächtigste Partei des Staates zu stürzen, deren Gegnerschaft im Parlament bei geschickter Taktik Alles vereiteln konnte, aber wie hätten sich zwei Autokraten, der Hof und die Oligarchie, lange vertragen können. Georg III. wollte, daß die Nation in ihm und seinem Günstling die Wohlthäter erkennen sollte, die ihr den Frieden brachten, daß ihr dagegen die Oligarchenpartei mit dem Odium kriegerischen Sinnes belastet erschien. Und diese Speculation war in der That nicht schlecht, denn die Whigs geriethen bald in eine äußerst schiefe Position. Ihren principiellen Standpunkt hielt, abgesehen von minder wichtigen Differenzen, das jetzige Ministerium fest, von dem man sie ausgeschlossen hatte: wenn sie also mit Erfolg opponiren wollten, so mußten sie fremde Waffen anlegen, eine Alternative, aus der leicht Spaltungen erwachsen konnten. Ihre Gegnerschaft gegen den Hof war eine rein persönliche und keine sachliche,⁸) wie diejenige Pitts eine rein sachliche und keine persönliche war.

Nach der üblichen Auffassung stand es anders: nach ihr waren Pitt und Bute persönliche Widersacher, war der große Minister durch die Hofpartei mit Vorbedacht zum Rücktritt gedrängt worden. Danach hätte er sich mit der Newcastle-Partei in vollkommen gleicher Lage befunden, er wäre das erste, sie das zweite Opfer des Despotismus gewesen. Wenn das stimmte, hätte man da nicht erwarten müssen, daß sich die gestürzten Minister nebst Anhängern alsbald zu kräftiger Opposition zusammenthaten, daß sie mit aller Macht gegen den Günstling vorgingen und seine Amtsführung im Parlament einer vernichtenden Kritik unterwarfen? Diese Erwartung wurde namentlich von den preußischen Gesandten gehegt⁸ᵃ) und war von ihrem Stand-

---

⁷) Anecdotes of Chatham I S. 305.
⁸) Hardwicke an Charles Yorke, 9. September 1762: Newcastle erklärte, „jetzt sei kein beträchtlicher Grund für irgendwelche öffentliche parlamentarische Opposition wegen Maßregeln vorhanden" außer wegen einzelner Friedensbedingungen, „denn die Unpopularität des Schotten könne nicht förmlich im Parlament aufgenommen werden", bis man nicht bestimmte Handlungen desselben verweisen könne. Harris, Life of Hardwicke III S. 311 ff.
⁸ᵃ) Depeche vom 17. Mai 1762: „... il y a toute apparence ... qu'elle (der Rücktritt Newcastles) donnera lieu aussi à une forte

punkt aus erklärlich. Newcastle hatte in Vertheidigung der preußischen Subsidien sein Amt verloren, schien also in auswärtigen Angelegenheiten mit Pitt zu harmoniren. Da sich nun ihre Hoffnung nicht erfüllte, da die große Coalition nicht zu Stande kam, so bestätigt sich unsere Darstellung des vorjährigen Ministerwechsels in eclatanter Weise. Pitt wollte mit der Fraction, die ihn so schwer verletzt, so schnöde im Stich gelassen hatte, auch jetzt nichts zu thun haben. Wohl war er mit der Amtsführung Butes wenig einverstanden — welcher Minister a. D. hätte an den Handlungen seines Nachfolgers nichts auszusetzen —, wohl verurtheilte er scharf die Spannung zwischen England und Preußen, zu deren richtiger Beurtheilung ihm das Material fehlte, wohl verharrte er auf seiner schon früher offen vertretenen Ansicht, daß der Günstling nicht Minister oder gar erster Lord des Schatzes sein dürfe, aber er sympathisirte doch im Ganzen weit mehr mit der Regierung, als mit den Oligarchen, um keinen Preis wünschte er Newcastle an Butes Stelle zu sehen.⁹) So blieben alle Bemühungen der gestürzten Whigs, den großen Staatsmann zu gewinnen, resultatlos.

Freilich ging es der Hofpartei nicht besser. Es mußte nach unserer Auffassung der Lage Butes Bestreben sein, jetzt, wo die dominirende Macht der Whigs beseitigt und in der auswärtigen Politik Alles auf den vorjährigen Standpunkt gebracht war, auch jene unwillkommene Spaltung zu redressiren und den Mann aufs Neue heranzuziehen, unter dessen Leitung das Ministerium damals den Weg zum Frieden verfolgt hatte. Einen solchen Versuch aber hat der Günstling in der That gemacht. Pitt selbst erzählt wenig später dem Horaze Walpole, er sei von hochgestellten Personen aufgefordert worden, „mit Lord Bute für das Staatswohl zusammen-

opposition . . . qui se reunira . . . avec le parti du Chev. Pitt, dont ils ont supporté le sistème, et au soutien des mesures duquel ils ont été sacrifiés . . ." Diese Auffassung des Verhältnisses Newcastles zu Pitt ist natürlich unrichtig. Nur die Subsidienfrage bildete einen ganz vereinzelten Berührungspunkt. Auch schreiben die Gesandten selbst am 7. December 1762: „L'abandon de V. Maj. est presque le soul sur le quel on (die Opposition) est presque generalement d'accord . . ."

⁹) Für dies und das Folgende vgl. den Bericht Walpole's über ein Gespräch mit Pitt am 13. November 1762 bei Harris, Life of Hardwicke III S. 322 ff.

zuwirken" und seien ihm dabei Anerbietungen gemacht worden, „die sein Verdienst weit überstiegen und die er sich deshalb auszusprechen scheue". Da nun diese Vermittler zweifellos im Auftrag des Hofes handelten, — wie hätten sie sonst derlei Versprechungen machen können, — da ihre Zugeständnisse so groß waren, daß sie sogar einem Pitt übertrieben erschienen, so ist wohl anzunehmen, daß es ernstlich in Butes Absicht lag, dem früheren Amtsgenossen, auch auf Kosten seiner jetzigen Verbindungen, die volle Leitung des Auswärtigen aufs Neue zu übertragen. Und woran scheiterte der Versuch? Pitts Antwort ist charakteristisch für seinen politischen Standpunkt und bekräftigt unsere Auffassung. Er entgegnete, wie Walpole Pitts Erzählung wiedergiebt: „Lord Bute könne nie erwarten, daß er den Anstifter zu der Machterhöhung abgäbe, die Se. Lordschaft erlangt habe, nach dem, was diesbezüglich zwischen ihnen am Tage der Thronbesteigung Sr. Majestät vor sich gegangen sei, als in einer Privatunterhaltung mit Sr. Lordschaft Mr. Pitt ihm sagte: „seine Beförderung zur Leitung der Geschäfte dieses Landes würde dem Dienste Sr. Majestät nicht zuträglich sein"". Er wollte also nicht wieder mit Bute zusammenwirken, da er dessen Amtsführung für schädlich hielt, eine Ansicht, die, wie er weiter gegen Walpole äußert, darin ihre Bestätigung finde, daß sich der Günstling im Besitz der Macht mit Devonshire nicht vertragen könne, den Adel verletze, die Gentry in Furcht setze und das Volk mit Füßen trete, sich also zu geschickter Leitung des Staates unfähig erweise. Weiter erklärte Pitt in derselben Unterredung, er habe große Verpflichtungen gegen viele Tories, und wenn er auch stets nach Whigprincipien gehandelt habe, so wolle er doch bei keinen vorgeschriebenen Maßregeln mitwirken, und wiewohl Bute zur Aufgabe seines Amtes bewogen werden müßte, so sei es doch, wie er glaube, dem Dienst des Königs nicht förderlich, wenn der Herzog von Newcastle ihm folge. Er selbst habe eine unaussprechliche Besorgniß gefühlt, ein Amt gegen den guten Willen der Krone zu führen; er werde sich nie wieder in solche Situation begeben, noch irgend eine Stelle annehmen, so lange Se. Majestät eine Meinung von ihm hätte, wie jene, von der ihm berichtet worden wäre.

Walpoles Aufzeichnungen können natürlich nicht als ein völlig untrügliches Zeugniß gelten, da sie nur auf dem Gedächtniß basiren,

4*

Pitts Aeußerungen aber entsprechen seinen Handlungen, und so dürfen wir sie wohl im Ganzen als richtig annehmen. Wir erfahren daraus, daß der große Staatsmann aus zwei Gründen jene Amtsofferte abgelehnt hat: einmal, weil er die Verantwortung für Butes ungeschicktes Verfahren nicht auf sich nehmen wollte, und dann, weil ihm hinterbracht war, der König hege eine ungünstige Meinung von ihm. In der That stand Georg III., wie wir früher dargelegt haben, seinen ganzen Bestrebungen nach diesem Minister weit ferner als der Günstling, auch mag er ihm schon jetzt, wie später, seine Verbindung mit dem intriganten Lord Temple verdacht haben, ebenso gut aber kann hier ein Fractions-Klatsch im Spiele gewesen sein, dessen wahrer Kern in des Königs wiederholt bezeigter Hinneigung zu Bedford bestand. Weiter erfahren wir, daß Pitt sich noch immer vielen Tories, d. h. Lord Bute und seinen Freunden, verpflichtet fühlte und trotz seiner nie verleugneten whiggistischen Gesinnung nicht den Günstling durch Newcastle ersetzt zu sehen wünschte. Es war also Pitts Tendenz, die Staatsleitung nur aus freier Gunst der Krone und nicht im Bunde mit der alten Oligarchie zu erlangen; ein Amt durch festen Zusammenschluß mit der Opposition zu erobern, wie es dem Wunsche der gestürzten Whigs entsprochen hätte, lag ihm vollkommen fern.

Es wäre wohl denkbar gewesen, daß Bute dem Begehren Pitts nachkam und resignirte, ebensogut, wie er später ohne dringende Veranlassung sein Amt aufgegeben hat, denn er kannte die Gründe sehr wohl, welche ihm ganz besonders die Amtsführung erschwerten, auch war ja sein vornehmlichstes Werk, die Beseitigung der Oligarchie, glücklich durchgeführt; aber gerade damals, nach Einleitung der Verhandlungen mit Frankreich, hätte ihn der König nicht von sich gelassen. Die Befürchtung, Pitt werde ohne Butes Gegengewicht den Krieg durch hochgespannte Forderungen verlängern, lag zu nahe, als daß man es darauf ankommen lassen konnte. So erneuerte sich die alte Verbindung nicht: der Günstling verharrte im Bunde mit Bedford, der die auf Zerstörung der französischen See- und Colonialmacht gerichteten Bestrebungen Pitts verwarf und weit mildere, wenn auch immer noch höchst ehrenvolle Friedensbedingungen aufstellte. Der Herzog selbst wurde schließlich mit dem Abschluß der Verhandlungen in Paris beauftragt und entledigte sich seiner Commission so rasch als es die verwickelten Verhältnisse gestatteten.

Die Zwischenzeit benutzte der erste Minister, um durch geeignete Umformung des Cabinets sich für die letzte große Aktion, die Vorlegung der Präliminarien im Parlament, eine genügende Majorität zu verschaffen. Da die Hülfe Pitts nicht zu erlangen war, so kam er auf den naheliegenden Gedanken, für diesen einen Zweck die Newcastle-Partei in das Interesse des Hofes zu ziehen, ohne ihr deshalb die Leitung zu übertragen. Es war ja im Großen und Ganzen ihre Politik, die jetzt zum Ziele geführt werden sollte. So hatte schon Bute in einem Gespräch mit Hardwicke Ende Juli 1762 geäußert, es sei ihm höchst unangenehm gewesen, daß es Newcastle für nothwendig befunden habe, zu resigniren, wo er (Bute) doch geglaubt habe, mit ihm länger und besser zusammengehen zu können, als mit irgendwem sonst, — ein Ausspruch, der natürlich nicht für baare Münze zu nehmen ist — und ihm die Wahl eines seinem Rang entsprechenden Amtes anheimgestellt.[10]) Jetzt, im August, besuchte der eine Staatssecretär, Lord Halifax, den Herzog auf seinem Landsitz Claremont, um ihn und Hardwicke zur Theilnahme am Council einzuladen, mit dem Versprechen, der König werde sich in der Friedensangelegenheit ganz von ihrem Rathe leiten lassen, und dem Angebot, sie möchten sich für sich selbst und ihre Freunde Aemter aussuchen, mit einziger Ausnahme des Schatzamtes.[11]) Gleichzeitig suchte Bute mit dem Generalanwalt Charles Yorke, Hardwickes Sohn, anzuknüpfen, um ihn zur Uebernahme des Kanzlerpostens zu bewegen.[12]) Newcastle lehnte jedoch für sich und seine Anhänger ab, da er schon andere Arrangements getroffen habe. Solange Lord Bute ein Portefeuille und vollends das Schatzamt in der Hand behielt, so lange wollten sie keine Ministerposten wieder annehmen; es wäre das ihnen, den einstigen Inhabern der Oberleitung, wie eine Erniedrigung erschienen;[13]) auch mußten sie fürchten, nach Erreichung des Zweckes, zu dem sie berufen wurden, wieder zum alten Eisen geworfen zu werden.

Unter diesen Umständen war es Bute höchst willkommen, daß

---

[10]) Hardwicke an Newcastle, 28. Juli 1762. Newc. Pap. Nr. 32 941. S. 82.
[11]) Harris, Life of Hardwicke III S. 296.
[12]) Harris, Life of Hardwicke III S. 303 ff.
[13]) Charles Yorke an Hardwicke, 3. September 1762. Harris, Life of Hardwicke III S. 306.

sich Henry Fox, der Vertraute des Herzogs von Cumberland und einstige Günstling Georgs II., jetzt bestimmen ließ, ihm zu Hülfe zu kommen. Dieser hatte schon seit Beginn der neuen Regierung Neigung gezeigt, sich dem Hofe zu nähern, und bereits im Februar 1761 Bute um eine Audienz gebeten; seinen Wünschen standen indessen zwei Hindernisse im Wege, seine Unbeliebtheit beim neuen König und seine Beziehung zu Cumberland und Devonshire.[14]) Erst jetzt, Ende September 1762, als die Gefahr nahe lag, daß man, um den Frieden zu retten, sich gezwungen sehen könnte, die Oligarchenpartei aufs Neue an die Spitze der Geschäfte zu berufen,[15]) faßte der Hof den Entschluß, sich Fox in die Arme zu werfen. Bute erwog sogar die Vor- und Nachtheile einer Abdankung zu Gunsten des neuen Verbündeten, kam aber zu dem Resultat, daß sein Verbleiben im Amt nothwendig sei.[16]) Da nun Fox die Annahme eines Staatssecretariats aus dem Grunde verweigerte, weil dies die bereits vorhandene Unpopularität der Regierung steigern, ihn aber in der Realisirung seiner Pläne behindern werde, so übertrug man ihm ausschließlich die Leitung des Unterhauses,[17]) d. h. die Verwaltung der Corruption, eine Thätigkeit, zu der er hervorragende Befähigung besaß. Freilich schied sich Fox damit von seinen bisherigen Parteigenossen, dem Herzog von Cumberland und dessen Anhängern, die von einer Verbindung mit dem Günstling nichts wissen wollten und nun, nach Verlust ihrer stärksten Stütze, der Newcastle-Fraction näher traten.

Nach dieser wichtigen Machtvermehrung war die Erreichung des vorgesteckten Zieles hochwahrscheinlich, doch übertraf das Resultat noch weitaus die Erwartungen. Allen Gegenbemühungen, allen Einigungsversuchen der Whigs zum Trotz wurden die Präliminarien am 9. Dezember im Unterhause mit 319 gegen 65 Stimmen geneh-

---

[14]) Fitzmaurice, L. of Shelburne I S. 100 f.
[15]) Fox an Bedford, 13. October 1762: „Se. Majestät setzte Alles daran, daß nicht ein guter Friede in einem gutgesinnten House of Commons verloren ginge und seine Autorität discreditirt würde aus Mangel an einer geeigneten Persönlichkeit, die seine ehrenvollen Maßregeln unterstützen und sein Cabinet vor der Macht bewahren könnte, mit der man es bedroht habe." (will heißen: vor der Oligarchie). Bedford Corr. III S. 133 f.
[16]) Bute an Shelburne, October 1762. Fitzmaurice, L. of Shelburne I S. 164.
[17]) Fox an Bedford, 13. October 1762. Bedford Corr. III S. 133 f.

migt und auch im Oberhaufe mit großer Majorität angenommen.
Und diesen eclatanten Sieg der Regierung sucht Horace Walpole
von seinem whiggistischen Standpunkt aus durch die unglaubliche
Behauptung zu bemänteln, jene 65 Opponenten seien die einzigen
Nichtbestochenen gewesen, als ob nicht auf beiden Seiten die Corruption
gearbeitet hätte. Nein, wiewohl starke illegale Einwirkungen des
Hofes und der Parteien nicht abzuleugnen sind, so spricht doch die
ungewöhnliche Größe der Majorität für tiefer liegende Gründe. Die
preußischen Gesandten sind sicher wohl unterrichtet, wenn sie uns als
solche die Friedenssehnsucht des Volkes und die Spaltung innerhalb
der Opposition bezeichnen.¹⁸) Die Nation begehrte dringend den

¹⁸) Depesche vom 10. December 1762: "En effet, quoique quelques
uns des chefs se soyent vû dû depuis en faisant mine de vouloir
se concerter sur les mesures qu'ils prendraient, ... le mauvais
succés de la journée d'hier n'a cependant que trop verifié unsre Ver=
muthungen, que la différence ... a consisté principalement en ce
que le Duc de Newcastle voyant que la retablissement de la paix,
quelque mauvaise qu'elle fut en elle-même, était en général agréable
à la Nation, et que le mécontentement qui subsiste ne tombait pas
tant sur cet objet que sur la personne et les procédés du C. de Bute,
a cru que la prudence demandait que l'opposition se bornat à ne
pas approuver la paix .... sans s'opposer à l'adresse de remerci-
ment ... afin de ne pas donner de l'ombrage à ceux qui voulaient
la paix, mais de reserver leurs souffrages pour des attaques per-
sonnelles contre le Ld. Bute, tandis que d'autres n'ont pas voulu
se conformer à cet avis et ont insisté qu'on brusquat les choses et
qu'on divisat la chambre pour recueillir les voix. Quant à ce qui
concerne le Chev. Pitt et le Cte. Temple, leur ancienne méfiance
envers le Duc de Newcastle et Cte. Hardwicke et leur peu de
souplesse l'ont emporté en cette occasion sur leurs veritables
intérêts et ont été cause qu'ils ne sont entrés dans aucun concert
avec leurs amis en poussant même l'esprit d'indépendance jusqu'à
déclarer publiquement qu'ils désapprouvaient la conduite et les
mesures du C. Bute, mais qu'ils étaient libres et n'appartenaient à
aucun parti."
Depesche vom 14. December 1762: "Les partisans du D. de
Newcastle rejettent le mauvais succés de la journée du 9. sur
l'inflexibilité du Sr. Pitt, qui .... a non seulement refusé de se
concerter avec eux, mais a même poussé l'esprit d'indépendance
jusqu'à déclarer publiquement ... qu'il était libre et n'appartenait
à aucun parti, déclaration, qui a repandu d'autant plus de décourage-

Frieden, und wenn sie auch, und mit ihr die unabhängigen Elemente beider Häuser, manches an den Bedingungen auszusetzen hatte, wenn sie auch den oppositionellen Rednern, namentlich Pitt, in vielen Punkten beistimmte, so wollte sie doch um geringer Mängel willen nicht das ganze Werk in Gefahr bringen. Lieber einen fehlerhaften Frieden als gar keinen. In klarer Erkenntniß dieser Stimmung hatte der König auf Unterzeichnung des Vertrages vor Zusammentritt des Parlaments gedrungen und sogar dessen Berufung kurze Zeit ver= schoben, damit das Abkommen nicht im Einzelnen amendirt und der Abschluß ins Ungewisse verzögert werden könnte.[19]) Die Opposition aber zeigte sich schwach, weil sie über das Ziel ihrer Bestrebungen so uneinig wie möglich war. Die Newcastle=Partei wollte den Frieden und hatte auch im Einzelnen wenig einzuwenden, aber sie wollte ihn nicht von diesem Ministerium erhalten.[20]) Die Folge war, daß

ment parmi l'opposition qu'on croyait qu'il regnait le concert le plus étroit et la plus grande intimité entre lui et les autres Chefs de cette nouvelle ligue.

On accuse d'ailleurs le Sr. Pitt de n'avoir non seulement parlé en cette occasion avec beaucoup moins de chaleur et d'énergie . . . . mais on se plaint principalement aussi, de ce qu'au lieu d'avoir attaqué les endroits les plus faibles de la paix, il s'est attaché à prouver, que le bien de l'état demandait, qu'on continua la guerre et qu'il avait toutes les ressources nécessaires pour cet effet, proposition qui quoique peut-être vraye en elle même, ne pouvait servir qu'à allarmer et heurter les préjugés de ceux qui soupirent après la paix et qui sont sans doute les plus nombreux. . . .
. . . . Les amis du D. de Newcastle disant, qu'il ne saurait confier la conduite de son parti à quelqu'un qui ne veut conquérir qu'à sa guise et pour lui même, et ceux du Sr. Pitt repliquant, qu'il ferait mal de servir de Général à une Armée qui ne lui est pas devoué . . . ." Berl. Arch.

Her. Walpole, Memoirs of Georg III., I S. 220: „Mr. Pitt bestrebte sich, ein Chef ohne Partei zu sein, und die Partei ohne ihn hatte keinen anderen Chef."

[19]) Vgl. Brief des Königs an Bedford vom 26. October 1762. Bedford Corr. III S. 139 f., sowie Butes Schreiben an Bedford vom 30. October 1762. Bedford Corr. III S. 142 f.

[20]) Hardwicke an Newcastle, December 1762: „Ich habe immer dagegen gestimmt, die Opposition mit Bekämpfung des Friedens zu beginnen . . . . und auch dagegen, jene Opposition unter dem jetzigen eingestandenen Leiter (wiewohl er äußerst achtungswerth) zu bilden, unter dem ein Erfolg minder

sie sich theilte, daß die einen das Wohl des Landes hintansetzten und die Proposition bekämpften,[21]) die andern ihren Parteistandpunkt vergaßen und die Vorlage billigten.[22]) Pitt dagegen verurtheilte die ganzen Präliminarien und verlangte Fortsetzung des Krieges, mied es aber die leitenden Personen zu bekämpfen, da er es mit dem Hofe nicht verderben wollte. Er leugnete offen jede Verbindung mit den Oligarchen und entzog ihnen dadurch viele Kräfte. Da Niemand einer Aufforderung zu fernerem Kampf Gehör geben, Niemand einer zusammenhangslosen Opposition Heeresfolge leisten wollte, so ließ sich in der That nichts anderes erwarten, als ein glänzender Sieg der Regierung.[23]) In ähnlicher Weise hat Georg III. später, zur Zeit des amerikanischen Krieges, manchen parlamentarischen Erfolg errungen, indem er bei Verfolgung eigener Ziele sich doch soweit im Strom der öffentlichen Meinung hielt, daß er aus ihr seine Stärke schöpfen konnte.

Jenes glänzende Resultat indessen, welches weit über Pitts Befürchtungen hinausging, mußte diesen Staatsmann höchst bedenklich stimmen, ihm Zweifel an der Richtigkeit seines Verfahrens erwecken. Er hatte so gehandelt, wie es nach seiner Anschauung einem Volksvertreter geziemte, er hatte, ohne sich auf Parteiverbindungen einzulassen und fremden Intentionen Rücksicht zu schenken, eine schädliche Maßregel der Regierung durch die Macht des Wortes und der Wahrheit zu hindern gesucht und war völlig unterlegen. Wie nun, wenn der Hof die gewonnene Uebermacht ausnutzte, um die von Pitt so hoch gehaltene Constitution zu gefährden, wenn Bute nach Art früherer Favoriten die autokratischen Gelüste des Herrschers unterstützte?

Und eine solche Gefahr schien in der That über dem Lande

---

wahrscheinlich ist. Was die Opposition gegen Lord Bute, bloß als schottischen Günstling und Minister, betrifft, so habe ich dem immer im Allgemeinen zugestimmt, aber wiederholt behauptet, die Sache sei noch nicht zur Reife gelangt." Harris, Life of Hardwicke III S. 328.

[21]) Adolphus, Hist. of England I S. 108 f. Anm.: „Ein großer Theil der Opposition .... war bloß das Resultat von Parteigeist."

[22]) Lord Barrington an Mr. Mitchell, 15. December 1762. Harris, Life of Hardwicke III S. 331.

[23]) Die Prinzessin von Wales soll nach Empfang der Nachricht vom Siege der Regierung ausgerufen haben: „Jetzt ist mein Sohn König von England." Walpole, Memoirs of Georg III., I S. 333.

heraufzuziehen. Schon vor Zusammentritt des Parlaments hatte der König den Herzog von Devonshire, der bei Jedermann in hoher Achtung stand, schwer gekränkt und zur Aufgabe seines Kämmererpostens genöthigt, weil er ihn im Verdacht hatte, heimlich mit Newcastle zu conspiriren,[24] — ein Vorfall, der von der damaligen Gereiztheit des Königs in Folge oppositioneller Angriffe klares Zeugniß giebt.[25] Jetzt schritt man auf dem betretenen Weg energisch weiter, aber nicht Bute, sondern Fox war das treibende Element dabei. Wiewohl dieser die Behandlung Devonshires, mit dem er früher in Conney gestanden hatte, scharf getadelt zu haben scheint,[26] so drang er doch jetzt, seiner Taktik entsprechend, darauf, alle Gegner ihrer Stellen zu entsetzen und nur sichere Anhänger des Ministeriums zu dulden. Nur dadurch, so meinte er, könne ein neues Regiment Festigkeit und Dauer gewinnen.[27] Butes Neigungen entsprach das nicht im Geringsten, aber er bedurfte des Amtsgenossen zu sehr, als daß er sich dagegen hätte auflehnen können.[28] Er mußte zusehen, wie Fox die erledigten Posten fast ausschließlich mit seinen Creaturen besetzte.[29]

Natürlich erregte das Vorgehen bei den Betroffenen, nament=

[24] Jesse, Reign of Georg III., I S. 143 f.
[25] Bute an Shelburne, 3. November 1762: „Der König wird von allen Seiten beleidigt. Ich gestehe, ich empfinde es mit ihm, ich weiß, Sie thun es auch."
[26] Bute an Shelburne, 3. November 1762: „noch würde ich ihm (dem König) um die Welt Mr. Fox's Meinung andeuten . . ." Fitzmaurice, L. of Shelb. I S. 176 f.
[27] Fox an Bute und an Shelburne, November, December 1762. Fitzmaurice, L. of Shelburne I S. 179 ff.
[28] Die preußischen Gesandten berichten am 19. October 1762, „que le 1er (Fox) ne veut pas lui (Bute) être subordonné dans la conduite de la chambre des Communes, mais qu'il prétend la gouverner en chef et être mis en possession de toute l'influence que la Cour y a...." Berl. Arch.
[29] Newcastle an Hardwicke, 24. Januar 1793: „Die Minister der Nachfolger sind Fox's Kreaturen". Albemarle, Mem. of Rockingham I S. 158 f. Als im Jahre 1765 die Oligarchen wieder ans Ruder kamen und Rache übten, schreibt Mr. Whately an Grenville: „Die beseitigten Personen sind meistens Lord Hollands (Fox's) Freunde." Grenv. Pap. III S. 74.

lich bei Newcastle, tiefste Entrüstung,³⁰) wiewohl gerade sie zur Zeit ihrer Macht nicht viel anders gehandelt hatten. Trotz Devonshires Abmahnung, der durch Klagen den Triumph der Gegner zu erhöhen fürchtete,³¹) machten sie ihrem Zorne Luft und waren erstaunt, bei Anderen so wenig Theilnahme zu finden.³²) Nur Hardwicke sah in dem Verhalten der Regierenden nichts Außergewöhnliches.³³) Und in der That scheint die Sache nicht ganz so schlimm gewesen zu sein, wie sie von oppositioneller Seite dargestellt wurde. Bedfords Freund Rigby giebt dem Herzog eine recht einleuchtende Erklärung der vielen Amtsentsetzungen, namentlich in den niederen Chargen.³⁴) Jene Beamten, so führt er aus, hätten den Sturz Butes und eine baldige Rückkehr der alten Zustände erwartet, hierdurch aber seien sie zu solch unbotmäßigem Verhalten ihren Oberen gegenüber verleitet worden, wie sich kein Minister hätte bieten lassen können; wenn ihnen aber dann bedeutet wurde, sie sollten die Fortführung ihrer Aemter von Bute als eine Gunst erbitten, so seien sie von Newcastle an der Befolgung solcher Weisungen verhindert worden; nichtsdestoweniger sei gegen wahrhaft Bedürftige mannigfache Rücksicht beobachtet worden. Allerdings überschritt Fox insofern die bisherige Praxis, als er die whiggistischen Führer Newcastle, Grafton, Rockingham, Devonshire auch ihrer Grafschaftsämter beraubte, bei denen man sonst liberaler zu verfahren pflegte. Er belastete dadurch die Regierung mit einem Odium, das kaum in den gewonnenen Vortheilen genügenden Ausgleich fand.

Wir haben bereits aus Walpoles Gespräch mit Pitt ersehen, welch ungünstige Meinung dieser Minister von der Amtsführung Butes hegte. Wie sehr mußten seine Befürchtungen durch die beschriebenen Vorgänge gesteigert werden. Der geeignetste Moment, ihn zu einer Aenderung seiner Taktik zu bestimmen, schien gekommen,

---

³⁰) Devonshire an Rockingham, 26. December 1762. Albemarle, Mem. of Rockingham I S. 152. — Newcastle an Hardwicke, 5. Januar 1763. Harris, Life of Hardw. III S. 334.
³¹) Devonshire an Newcastle, December 1762. Albemarle, Mem. of Rock. I S. 153.
³²) Rigby an Bedford, 3. Februar 1763. Bedf. Corr. III S. 185.
³³) Hardwicke an Newcastle, 15. November 1762. Harris, Life of Hardw. III S. 326.
³⁴) Bedf. Corr. III S. 185 f.

und wiederum war es Lord Temple, der die gebotene Gelegenheit
auszunutzen verstand. Er machte seinem Schwager die Nothwendigkeit
klar, Bute zur Abdankung zu zwingen und überzeugte ihn, daß eine
Verbindung mit der Newcastle-Fraction das einzige Mittel dazu sei.[35])
Und Pitt gab dem Zwang der Umstände nach. Noch am
3. Februar 1763 schreibt Rigby an Bedford,[36]) die Opposition habe
einen neuen Versuch gemacht, Pitt an ihre Spitze zu bringen und
nochmals den Herzog von Grafton, einen besonderen Verehrer des
großen Staatsmannes, nach Hayes geschickt, um ihm carte blanche
anzubieten, jener habe aber abgelehnt und wolle nichts mit ihnen zu
thun haben. Doch am 10. März finden wir in einem Brief desselben
Verfassers[37]) die Nachricht, daß ein Coalitionsdiner im Hause Devonshires stattgefunden habe, bei welchem Pitt und Temple mit den
Führern der Opposition, Newcastle, Grafton, Portland, Rockingham,
Hardwicke und Legge zusammengetroffen und in nähere Verbindung
getreten seien.[38]) Auch die Hofpartei der vorigen Regierung, Cumberland und seine Clientel, standen seit dem Abfall Fox's in enger
Beziehung zu der alten Oligarchie.

Doch ehe noch die neue Vereinigung ihre Kräfte mit denen
der Regierung messen konnte, sah Pitt bereits den Wunsch erfüllt,
der ihn zu seinem Stellungswechsel getrieben hatte. Am 8. April
verzichtete der Günstling plötzlich auf sein Amt und zog sich ins
Privatleben zurück. — —

Dieser unerwartete Entschluß, über dessen Ursachen bisher die
Ansichten weit auseinandergegangen sind, läßt sich aus den gleichzeitigen
Correspondenzen leicht erklären, sobald man an unserer Auffassung
von der Beziehung der verschiedenen Potenzen festhält. Der Rücktritt

---

[35]) Bericht der preuß. Ges. v. 15. März 1763: „... mais le
C. de Temple ... lui ayant representé, qu'il n'y avait point, à
l'heure qu'il est, d'autre expedient pour culbuter le C. Bute que de
faire cause commune avec tous ses adversaires, le Ch. Pitt s'y est
rendu, et vient de convenir formellement avec les Chefs de l'opposition, de n'accepter ni employ à la Cour, ni dans l'Administration
tant que le C. Bute restera en place. Berl. Arch.
[36]) Bedf. Corr. III. S. 185 f.
[37]) Bedf. Corr. III. S. 218.
[38]) Das Verzeichniß der Parteimitglieder s. Adolphus, H. of E.
I. S. 111 Anm. +.

war ein längst geplantes Werk, für dessen Ausführung gerade damals zwingende Gründe vorlagen.

Unzweifelhaft hegte Bute nicht den Plan, die Zügel der Regierung dauernd in der Hand zu behalten. Er wollte nur das Werk vollenden, mit dessen Vollziehung ihn sein Gebieter betraut hatte: den Frieden; dann aber beabsichtigte er, bei nächster Gelegenheit der Staatsleitung zu Gunsten fähigerer Kräfte zu entsagen. Schon lange vorher wurde, wie die preußischen Gesandten berichten,[39]) von Butes Anhängern behauptet, der Graf werde nach dem Friedensschluß zurücktreten, doch glaubte man ihnen nicht. Dann am 3. März 1763 schreibt Bute an Bedford: „Dank dem Himmel, ich beginne das glückliche Ende meiner Arbeiten zu sehen."[40])

Vom 11. März finden wir ein Protokoll über Verhandlungen mit Fox, Butes Rücktritt und die Wahl neuer Minister betreffend.[41]) Fox zeigt sich darin von der Aufrichtigkeit des Entschlusses seines Collegen überzeugt, hält das Vorhaben aber für verfrüht. Nur wenn der Graf seine Nachfolger zu controlliren gedenke, sei es angängig, aber auch dies habe seine großen Schwierigkeiten. Bute bietet ihm selbst dann die Stelle als erster Lord des Schatzes an, aber Fox kann sich nicht zur Annahme entschließen. Man sagte, seine Gattin habe sich aus Furcht für sein Leben dagegen ausgesprochen.[42]) So fiel schließlich die Wahl auf George Grenville, wiewohl Fox gerade vor diesem Staatsmann gewarnt hatte.[43]) Mit ihm verhandelte Bute am 25. März über die Zusammensetzung des neuen Ministeriums.[44])

Erst am 2. April theilt der erste Minister die beabsichtigte

---

[39]) Bericht v. 3. Dez. 1762: „que le bruit court parmi ses partisans mêmes que son projet est de se retirer du Ministère après la conclusion du Traité definitif de paix, ce qui cependant vu l'excès de sa vanité parait meriter confirmation et semble être plustot une ruse de sa part pour tacher d'appaiser la nation par cette espérance." Berl. Arch. — Vgl. auch Bute an Welcombe, 8. Febr. 1762 bei Adolphus I. S. 96 Anm. †.
[40]) Bedf. Corr. III. S. 213.
[41]) Fitzmaurice, L. of Shelb. I S. 186 ff.
[42]) Calcraft an Shelburne, 15. März 1763. Fitzmaurice, L. of Shelb. I S. 194 f.
[43]) Fitzmaurice, L. of Shelb. I S. 186 ff.
[44]) Grenville an Bute, 25. März 1763. Grenv. Pap. II S. 33 ff.

Handlung unter dem Siegel der Verschwiegenheit dem Herzog von Bedford mit und entwickelt dabei seine Gründe, die mit unserer Behauptung übereinstimmen. Er habe, schreibt er, sein Amt nur in Rücksicht auf Wohl und Unabhängigkeit des Königs und unter der ausdrücklichen Bedingung angetreten, daß er sich nach Herstellung des Friedens wieder zurückziehen dürfe. Daß dieser Tag jetzt gekommen, sei ihm besonders angenehm wegen des ungünstigen Standes seiner Gesundheit.[45] — Aehnlich äußert er sich schon im Oktober 1762 gegen Lord Shelburne:[46] „Der einzige Gedanke, welcher mich bewegte, war der, wie ich am wirksamsten des Königs Ehre fördern, seine Maßregeln erleichtern und den Frieden zu Stande bringen könne, denn für Erfüllung dieser drei Punkte schlägt jeder Puls . . ." — Und bemerkenswerth ist der Brief eines Herrn aus der Stadt an seinen Freund auf dem Lande,[47] dessen Verfasser zu Bute in naher Beziehung gestanden haben soll. Auch darin heißt es, der Entschluß sei früh gefaßt und unwandelbar festgehalten worden; der Graf habe nur den Krieg, den aus verschiedenen Gründen er allein beendigen konnte, zum Abschluß gebracht und sei dann zurückgetreten, um die Verwaltung Männern zu überlassen, die mit keinen Vorurtheilen zu kämpfen haben würden.

In demselben Sinne spricht sich Bute gegen den Generalanwalt Charles Yorke, Hardwickes Sohn, aus, der eine Mittelstellung einnahm und auch dem Frieden nur bedingt opponirt hatte. An dem Tage, wo er seinen Entschluß bekannt gab, ließ der Graf diesen zu sich kommen, um ihn persönlich davon in Kenntniß zu setzen, und fand bei der Gelegenheit eine lange Unterredung zwischen Beiden statt, in welcher der Günstling seine ganzen Motive und Absichten in einer den Stempel der Wahrheit tragenden Weise entwickelte. Einen ausführlichen, an Newcastle gesendeten Bericht darüber habe ich den Newcastle Papers entnommen. Danach hat Bute hinsichtlich unserer Frage geäußert, „sein Ehrgeiz sei gewesen, des Königs Geschäfte nach dem Rücktritt Newcastles weiter zu führen; er wäre getadelt worden, wenn er damals resignirte, aber nach Abschluß des

[45] Bute an Bedford, 2. April 1763. Bedf. Corr. III S. 223.
[46] Bute an Shelburne, October 1762. Fitzmaurice, L. of Shelb. I S. 164.
[47] Adolphus. H. of England I S. 114 f.

Friedens sei es immer seine Absicht gewesen, sich zurückzuziehen, wie der König, vor dem er nichts geheim halte, wohl gewußt habe."

Weiter bemerkt er, er kenne die gegen ihn vorwaltenden nationalen und persönlichen Vorurtheile, namentlich den Ausdruck Favorit, auch seien unter ihm zu viel Stellenwechsel vorgenommen worden, die dem König große Unpopularität eingetragen hätten; er fühle sich verpflichtet, seinen Herrn davon zu entlasten.[45])

Man würde entschieden zu weit gehen, wenn man diese mannich=
fachen, zu verschiedenen Zeiten erfolgten und an verschiedene Personen, nah und fernstehende, gerichteten Kundgebungen einfach als Unwahr=
heiten behandeln wollte. Sie stimmen in allen Punkten überein, besitzen innere Glaubwürdigkeit, haben keine stichhaltigen Gründe gegen sich und passen vollkommen zu dem späteren Verhalten Butes. Wir dürfen demnach mit Sicherheit annehmen, daß der Rücktritt eine von langer Hand her beabsichtigte Maßregel war, deren Voll=
führungsmoment allerdings von äußeren Umständen abhing.

Für die Wahl des Augenblicks aber wirkte die Haltung Pitts

---

[45]) (Ch. Yorke an Newcastle, 9. April 1763: "That for a long time his health, Nerves etc. had been much impaired, which made it impossible for him to go on; that his ambition had been to support the King's affairs after the Duke of Newcastle quitted: that he should have been blamed, if he had then retired; but when the Peace was made, it had been always in his view to retire, as the King knew from whom he had no Secrets . . . . .

. . . . he assured me that he would not (play the Minister behind the Curtain); no Minister could go on in that manner: that he had accepted a responsible office so early because he did not think the other situation consistent with the service of the Crown: and that when he parted with the responsibility, he would retire absolutely and part from the whole. That he knew his own situation; what with national prejudices, what with personal prejudices and particularly the term Favourite, some of those who were most fit to serve the King would not have him (eine Bemerkung, die sich offenbar auf Pitt bezieht, der ja Butes Eintritt ins Amt für einen Fehler erklärt hatte und nicht mit ihm zusammen wirken wollte): that then had been too many changes; they had gone too far already; that all this had drawn a great deal of unpopularity on a very amiable Prince, of which he must not be the instrument. This he owed to the King from duty and affection . . . . ."
Newc. Pap. Nr. 32 948. S. 92 ff.

sicherlich entscheidend, wiewohl noch ein anderer wichtiger Umstand hinzutrat. Ein zwingender Grund zur Amtsentsagung war zur Zeit nicht vorhanden, denn die einzige große Gefahr für Butes Stellung hatte in der Parlamentsverhandlung über den Frieden gelegen und aus dieser war seine Regierung gestärkt und befestigt hervorgegangen: weitere bedeutende Angelegenheiten lagen nicht vor, und wenn auch eine Ciderbill, die bald darauf zur Besserung der Finanzen eingebracht wurde, vielfachen Widerstand innerhalb und außerhalb der gesetzgebenden Versammlung hervorrief, so war doch auch für sie die Majorität in beiden Häusern gesichert. Allgemein galt das Cabinet für so stark, daß man sogar constitutionsfeindliche Maßregeln befürchten zu müssen glaubte,[49]) und zum mindesten den langen parlamentslosen Sommer hindurch blieb jede Gefahr für sein Bestehen ausgeschlossen.[50]) Nur eins mußte dem Günstling, der stets die dauernde Machtstellung seines Herrn im Auge behielt, in hohem Maße bedenklich erscheinen, die feste Vereinigung Pitts mit der Opposition.[51]) Auf ihn, den einstigen Schützling von Leicester House und späteren Amtsgenossen, hatte er seine Hoffnung gesetzt, ihm wünschte er das Steuer des Staates in die Hand zu geben, sobald der Friede gesichert war, dessen Abschluß

[49]) Devonshire an Newcastle, December 1762: „Wenn das Ministerium seinen gewaltthätigen Plan und die verschiedenen Neugestaltungen für unser Land in der Friedenszeit zu Tage bringen wird, dann werden wir Gelegenheit zur Ahndung finden." Mem. of Rock. I S. 153. — Hardwicke an Newcastle, December 1762: „... daß man offene Handlungen und Ereignisse abwarten müsse, wie sie wahrscheinlich nahe bevorstehen." Harris, L. of Hardw. III S. 328.

[50]) Newcastle an Ch. Townshend, 7. April 1763: „The great Man must have been thoroughly frightened, or he would not have resigned, at this Time, when he had the Summer before him, or, in this manner." Newc. Pap. Nr. 32 948. S. 49f.

[51]) Dies zeigt seine bezügliche Bemerkung gegen Ch. Yorke (s. S. 63 Anm. 48), dem er auch eine Aeußerung über Pitts Stellung zur Newcastle-Partei zu entlocken sucht. (Es heißt in Yorkes Bericht: „He (Bute) saw great difficulties, and thought I saw them too, ... he did not know what were the Connections of great persons in this Country at present. [I understood him to mean, how far Your Grace (Newc.) .... were engaged with Lord T. (Temple) and Mr. P. (Pitt) but I did not take up the expression to construe it, nor give it any answer whatsoever.]"

Pitt allein nicht überlassen bleiben konnte. Wenn auch Bute vielleicht nicht ungern etwas länger die Ehren des höchsten Amtes genossen hätte, so durfte er es doch auf eine Entfremdung dieses Mannes nicht ankommen lassen. Bisher hatte sich Pitt, wiewohl er die Regierungsmaßnahmen heftig bekämpfte, doch der Oligarchenpartei nicht genähert, so daß der Günstling hoffen konnte, die Kluft zwischen Beiden dauernd offen zu halten. Jetzt nun, wo sich diese Hoffnung als unberechtigt erwies, wo sich Pitts Abneigung gegen das Günstlingsregiment soweit gesteigert hatte, daß er seinen principiellen Standpunkt zu verleugnen und Parteiverbindungen einzugehen begann, fühlte sich Bute gezwungen, nachzugeben und mit Preisgebung seines Amtes den ehemaligen Collegen zu befriedigen. Zweck des Rücktritts war es also, diese große staatsmännische Kraft von der feindlichen Coalition abzuziehen und dem Dienst des Königs zu erhalten.

Ein weiteres Motiv für Bute, gerade damals sein Vorhaben auszuführen, wird eine Spannung mit Bedford abgegeben haben, von der die preußischen Gesandten berichten.[52]) Ihr Grund lag darin, daß Bedford der Ueberzeugung war, der Günstling habe die geheimen Instructionen für die Friedensverhandlungen den französischen Ministern verrathen und ihm dadurch seine Thätigkeit erschwert. Nun wissen wir aus Barthélemy Le Traité de Paris,[53]) daß diese Instructionen in der That durch eine Unvorsichtigkeit, aber keineswegs mit Butes Vorwissen, verrathen worden sind, und gewinnt dadurch die behauptete Differenz an Wahrscheinlichkeit. Auch der Brief Bedfords an Bute,[54])

---

[52]) Bericht vom 5. April 1763: „qu'il est survenu quelque altercation entre le C. Bute et le Duc de Bedford . . . . Si cela est, le C. Bute se trouvera encore plus embarassé qu'il ne l'est, d'autant plus que le D. de Bedford etait un grand soutien pour lui, et qui lui avait procuré un bon nombre de gens dans les deux Chambres . . ." — Auch schreibt Newcastle an Devonshire, den 8. April 1763: „Wood (Unterstaatssecretär und Anhänger Pitts) would not tell the Cause (warum Bedford aus Paris zurückkäme), but said, His Grace can agree with Nobody long. He (Bedford) is also generally supposed in Town, to come over displeased with My Lord Bute." Newc. Pap. Nr. 32 948. S. 59 ff.

[53]) Ed. de Barthélemy, Le Traité de Paris etc. Rev. d. Quest. hist. Bd. 43. S. 464 f.

[54]) Bedf. Corr. III S. 228 f.

mit dem er das Angebot des Rathspräsidiums ablehnt, zeigt einen unangenehm abweisenden Ton, der auf starke Verstimmung schließen läßt. So mochte ihm in der That, wie er einem Freunde schreibt,⁵⁵) der Grund seiner Stellung unterhöhlt, die Gefahr des Sturzes nahe erschienen sein.

Unter den damaligen Politikern wurden natürlich die verschiedensten Versionen über die Ursachen der Abdankung colportirt. Graf Hardwicke glaubte Gründe zu der Ansicht zu haben, der König sei es gewesen, der sich seines Günstlings habe entledigen wollen. Er hat den Monarchen beim Levée besonders guter Laune gefunden, auch sollen einige Damen des Hofes versichert haben, der König mache den Eindruck eines Mannes, der sich von etwas emancipirt habe.⁵⁶) Lord Royston, Hardwickes Sohn, spricht von einem Gerücht, nach welchem Butes Familie ihn aus Besorgniß für seine persönliche Sicherheit zum Rücktritt gedrängt habe.⁵⁷) In neueren Darstellungen wird besonders die geringe Unterstützung betont, die Bute bei seinen eigenen Collegen gefunden habe. So bei Adolphus⁵⁸) und Jesse.⁵⁹) Ersterer citirt auch eine Aeußerung Butes, worin er über das Verhalten der von ihm eingesetzten Minister Klage führt und die Zeit seines Rücktritts für gekommen erklärt. Pitt und Newcastle aber kamen der Wahrheit am nächsten. Jener meinte, ihm scheine das Ereigniß mehr plötzlich als überraschend eingetreten zu sein, da Butes Amtsübernahme mehr Verwunderung verdiene, als sein Rücktritt,⁶⁰) ihm galt also des Grafen ganze Amtsführung, von dessen

⁵⁵) Adolphus, Hist. of England 1 S. 117.
⁵⁶) Hardwicke an Newcastle, 8. April 1763: „Mr. West told me that it was observed by some Ladies yesterday, at the Queen's Drawing-Room, that H. Maj. never appeared more easy, nor in better humour, — that he looked like a Person just emancipated. This falls in with what I observed in his appearance to-day." Newc. Pap. Nr. 32 948. S. 54 ff.
⁵⁷) Royston an Hardwicke, 11. April 1763. Albemarle, Mem. of Rock. I S. 165.
⁵⁸) 1 S. 117.
⁵⁹) 1 S. 170.
⁶⁰) Pitt an Newcastle, 9. April 1763: „As to the Event of the Day, I think it rather sudden, than surprizing, Lord Bute's undertaking seeming to me the matter of astonishment, not His Lordship's departing from it." Newc. Pap. Nr. 32 943 S. 84 ff.

eigenem Standpunkt betrachtet, als ein Fehler, sein Verzicht als eine nothwendige Handlung, auf die man sich hätte gefaßt machen müssen; nur daß sie gerade damals eintreten werde, hatte er nicht erwartet. Der alte Herzog hingegen war der Ansicht, Bute müsse von heftigem Schrecken erfaßt worden sein, wie könne er sonst zu dieser Zeit und in solcher Weise resigniren. Des Schreckens Ursache glaubte er in der Verbindung gefunden zu haben, zu welcher sich Pitt und Temple mit der Opposition herbeigelassen hätten.[61]) Während also Pitt die tieferen Gründe durchschaute, hatte der Herzog den letzten Anstoß richtig erkannt, nur war ihm verborgen geblieben, warum der Günstling gerade jene Coalition perhorrescirte, welchen Erfolg er von seinem Rücktritt im Hinblick auf den großen Minister erhoffte.

In wie weit sich nun Butes Hoffnungen verwirklicht haben, ob es ihm in der That gelungen ist, William Pitt seinen neuen Parteigenossen zu entfremden und in das Lager des Königs herüberzuziehen, das wird sich aus unsrer ferneren Untersuchung ergeben.

[61]) Newcastle an den Earl of Kinnoule, 3. Juni 1763: „The society, which we had so successfully established by our Dinners, of the most respectable Persons of both Houses, of which Mr. Pitt and My Lord Temple were principal Parts, had given such a new spirit to our Affairs .... that in the Opinion of Every Body that was one of the principal Causes of the sudden .... Retreat of the Minister." New. Pap. Nr. 32 949. S. 16.

V.

Annäherungsversuche.

Der abtretende Günstling übertrug das erledigte Schatzamt seinem Freunde George Grenville, der ihm schon bei Newcastles Sturz im Staatssecretariat gefolgt war, und beließ die Leitung des Auswärtigen den Grafen Halifax und Egremont, beides sichere Anhänger der Krone. Damit waren wohl die Plätze ausgefüllt, einen festen Halt aber im Parlament, das Vertrauen der Nation besaß das Ministerium nicht. Es erregte allgemeines Staunen, wie der König ein solches Wagniß unternehmen konnte. Man hätte, sonstigem Brauche gemäß, eine Erhebung der offenbar siegreichen Opposition, vornehmlich eine Wiedereinsetzung Pitts und damit die Herstellung einer starken Regierung nach Art des früheren Coalitionsministeriums erwartet. Henry Fox sprach schon am 29. September 1762 Cumberland gegenüber die Vermuthung aus, ob nicht Bute, der bei Fortführung seines Amtes Newcastle als Collegen vorziehen würde, im Falle des Rücktritts dieses an Pitt zu überlassen beabsichtige, der dem König die höchste Popularität eintragen würde,[1]) und auch Hardwicke hielt diese Ernennung für das natürliche, „denn wie die Geschäfte im House of Commons gefördert werden können ohne Pitt ist mir unverständlich". Er tadelt Bute, weil er glaubt, dieser habe dem König Vorurtheile gegen den großen Staatsmann eingeflößt und dessen Erhebung verhindert.[2])

---

[1]) Albemarle, Mem. of Rock. I S. 132.
[2]) Hardwicke an Newcastle, 8. April 1763: „What a wicked part has Lord Bute acted ... to instill such invincible prejudices into Him (the King) as may make his coming to a Settlement impracticable! For how the Business of the House of Commons can be carried on without Mr. Pitt I know not." New. Pap. Nr. 32 948. S. 54 f.

Da nun das Erwartete nicht geschah, da die Opposition nicht ans Ruder gelangte, so hielt man allgemein die Abdankung für fingirt, so schob man dem Günstling die Absicht unter, auch fernerhin, wenn auch hinter den Coulissen stehend, alle Fäden der Regierung in der Hand zu behalten. Newcastle war fest hiervon überzeugt, vermuthete aber, die neuen Minister würden sich eine derartige Mitwirkung nicht gefallen lassen.³) Devonshire und Cumberland bekannten sich zu derselben Ansicht.⁴) Bute dagegen leugnete jede fernere Betheiligung auf das Entschiedenste: auch in vertraulichen Correspondenzen ist keine Andeutung einer solchen zu finden. So schreibt er an Lord Shelburne, der ihm besonders nahe stand, die Situation des Landes fordere jetzt schärfere Zügel, er habe seinen Antheil gehabt,⁵) und Charles Yorke gegenüber sagt er ausdrücklich, er wolle nicht Minister hinter dem Vorhang sein.⁶)

Wiewohl nun der Günstling entschlossen war, die Geschäfte vollständig seinen Nachfolgern zu überlassen, so war er doch mit der Zusammensetzung des Cabinets keineswegs zufrieden. Er kannte dessen Schwäche sehr wohl. Wenn dem aber so war, warum hat er nicht die günstige Gelegenheit benutzt, die Staatsleitung Pitt in die Hände zu bringen, wie es doch seinen Intentionen entsprach? Ich glaube, man wird nicht fehl gehen, wenn man hier persönliche Gefühle des Monarchen in Anrechnung bringt. Pitt war allerdings dereinst durch die Gunst des jungen Hofes erhoben worden, dies geschah aber zu einer Zeit, als der junge Prinz noch fast völlig unter Leitung seiner Mutter und Lord Butes stand. Seine politische Erinnerung zeigte ihm den großen Staatsmann kaum noch als treuen Vertheidiger des Thronfolgers gegen ministerielle Bevormundung, sondern mehr als allmächtigen, selbstbewußten Minister, der den

---

³) Newcastle an Townshend, 7. April 1763: „He will find that pretty difficult; and I think He has not made a very proper Choice of his Man, neither as to his Ability, nor as to his submissive Temper." New. Pap. Nr. 32 948. S. 49 f.
⁴) Devonshire an Newcastle, 9. April 1763. Ebenda S. 86 f.
⁵) Adolphus, Hist. of England I S. 115 ff.
⁶) Vgl. S. 63. Anm. 48. — Adolphus, Hist. of England I S. 118, schreibt: „Wenn wir die Verhandlungen über Ministerwechsel bald nach seiner Abdankung ausnehmen, ... ist keine Nachricht weniger der Wahrheit entsprechend" (als daß er Minister hinterm Vorhang sei).

Willen seiner Collegen, wie den des Königs, zu beugen wußte.
Während daher Bute den Plan verfolgte, seinem Herrn durch Pitt
den Sieg über die Oligarchie zu sichern, konnte Georg sein Miß=
trauen gegen einen Mann nicht überwinden, der durch sein Genie
das Königthum in Schatten zu stellen schien. Jetzt traten neue
Umstände hinzu, um dies Mißtrauen zu steigern.

Aus der Affaire Devonshire ist uns bekannt, welche Abneigung
der König gegen die Newcastle=Fraktion empfand, wie scharf er jede
Conspiration mit dieser Gruppe verurtheilte. Pitt hatte sich ihr in
letzter Zeit bedenklich genähert und galt allgemein als ihr Führer,
seine Erhebung in diesem Moment wäre als ein Sieg der Opposition
aufgefaßt worden. Außerdem waren dem Herrscher die Beziehungen
nicht unbekannt geblieben, welche Lord Temple, noch immer Pitts
nächster Freund, zu der Pamphletlitteratur jener Tage unterhielt, die
sich in unerhörten Angriffen gegen das neue System und des Königs
Freunde erging.[7] Wenn demnach Hardwicke am 8. April an New=
castle schreibt: „man sagt, es gäbe zwei Personen, die der König
absolut ausgeschlossen habe, Lord Temple und Mr. Pitt":[7] so wird
dieses Gerücht der Wahrheit entsprochen haben. Es mußte dem
Günstling in jenem Moment trotz seines großen Einflusses unmöglich
erscheinen, das Vorurtheil seines Gebieters zu überwinden und ihn
zu einer Wiederberufung des vormaligen Staatssecretärs zu bewegen,
umsomehr, als sich auch Pitt nicht ohne weiteres von seinen Bundes=
genossen loszusagen vermochte.

Dieser schwierigen Verhältnisse ungeachtet, blieb Bute unabläsfig
bemüht, eine Gestaltung der Dinge herbeizuführen, die der Nation
genügten und vom König ohne Preisgabe von Principien gebilligt
werden konnte. Dies hielt er für seine wichtigste Aufgabe, für eine
Pflicht, die ihm aus seiner Stellung als Günstling erwachse.[8] Die
Wiederkehr einer Parteiherrschaft mußte um jeden Preis vermieden

---

[7] Newc. Pap. Nr. 32 949. S. 191.

[8] Auch Devonshire hält dies für Butes Pflicht, wenn er am 2. August
an Newcastle schreibt: „I might disapprove of Lord Bute as a Minister,
I thought him ten times more unpardonable, when he found he
could not remain so, that he did not advice the King to form an
Administration that would be satisfactory to the Nation and retrive
its Credit abroad." Newc. Pap. Nr. 32 950. S. 8 ff.

werden.⁹) Daher galt es, entweder das bestehende Ministerium, dessen Schwäche er nicht verkannte, durch Heranziehung geeigneter Elemente zu verstärken, oder ein anderes königstreues Cabinet zu begründen. Schlug man den ersteren Weg ein, so hatte man die Wahl zwischen der Fraction Bedford einerseits und einzelnen Führern der Oligarchen= partei andererseits, wollte man den zweiten betreten, so konnte kaum eine andere Persönlichkeit als Pitt in Betracht kommen. Bedenken freilich zeigten sich aller Orten. Bedford war zwar dem Könige genehm, stand jedoch mit dem Günstling auf gespanntem Fuße, von den Oligarchen waren Unbotmäßigkeit, Herrschsucht und Parteiung zu befürchten, der große Commoner aber war zur Zeit dem Monarchen unsympathisch und zu überspannten Forderungen geneigt. Dennoch ließ es der Günstling an Einigungsversuchen nicht fehlen.

Anfang Juni fanden, wie Newcastle an Hardwicke schreibt, Besprechungen zwischen Bute und dem Marquis von Rockingham statt, die zu dem Beschlusse führten, nicht der Günstling, dessen Mit= wirkung man ablehnte, sondern der Herzog von Cumberland solle zwischen dem Könige einerseits, Newcastle und Pitt (den man als Parteigenossen zählte) andererseits vermitteln.¹⁰) Der Versuch mißlang, denn es waren unterdessen Ereignisse eingetreten, die dem Unwillen des Königs gegen die Opposition neue Nahrung zuführten. Am

---

⁹) Hardwicke an Newton, 5. August 1763: „Lord Egremont sagte mir „daß sich der König nicht herbeilassen könne, eine Partei im Ganzen als eine Oppositionspartei zu acceptiren"".

¹⁰) Newcastle an Hardwicke, 9. Juni 1763: „My Lord's Friend told him, that Lord Bute would be glad to know, whether the Opposition, as he called them, would come in and serve the King? My Lord Rockingham said, undoubtedly, if it was made practicable for them to do it. Then the Friend answered: But how is it to be done? Could not there be a Meeting of Mr. Pitt and My Lord Bute? Lord Rockingham said, that is not the right way. The other replied, would the Duke of Newcastle meet My Lord Bute or My Lord Hardwicke? My Lord Rockingham gave him to understand that the objection was to My Lord Bute's being the Person to negotiate with. The other answered, what than can be done? Must the King speak Himself? Lord Rockingham said, I should think the King's Uncle, the Duke of Cumberland, would be the properest Person for H. Maj. to talk to. That indeed, said the other, would save the King's honour." Newc. Pap. Nr. 32 949. S. 70.

13. April hatte die Zeitung „The North Briton" einen Schmähartikel gegen Bute aus Anlaß seines Rücktritts und am 23. jene berüchtigte Nr. 45 gebracht, durch welche der Friedensschluß und die Thronrede des Königs in verletzendster Weise kritisirt wurden. Georg III. faßte dies als seine eigenste Angelegenheit, als persönliche Beleidigung auf und ließ den Verfasser, John Wilkes, Temples Schützling, in einer Weise verfolgen, die an Verfassungsverletzung streifte und das Hauptereigniß im letzten Theile des Jahres 1763 ausmachte. Wiewohl nun Pitt das Vorgehen Wilkes' und die Unterstützung, die ihm Lord Temple gewährte, nicht im Geringsten billigte, wiewohl er sich wiederholt scharf dagegen aussprach), so machte man ihn doch für seines Schwagers Verhalten mit verantwortlich. Es wird daher seine Richtigkeit haben, wenn Newcastle am 23. Juni an Devonshire schreibt: „Lord Lyttleton sagte mir . . ., der König sei wegen dieser Affaire Wilkes gegen Lord Temple und Mr. Pitt so erbittert und wir seien so verbunden mit ihnen, daß sich nichts machen ließe."[11])

Wenn dieser Versuch mit Rockingham an dem Widerstande des Königs scheiterte, so erfuhr der Günstling bei Pitt selbst, dem er kurz nachher Vorschläge machen ließ, eine directe Ablehnung. Pitt erwiderte, so behauptet Newcastle von ihm selbst gehört zu haben, er wolle niemals irgend etwas mit Bute zu thun haben, er sei entschlossen, im Bunde mit der Opposition zu verharren.[12]) Dies scheint indessen nur eine vorübergehende Verstimmung gewesen zu sein, deren Grund wohl darin zu erkennen ist, daß Bute nicht gleich bei seiner Abdankung mit Pitt anzuknüpfen versucht, sondern das Ministerium Grenville gebildet hatte.[13])

Wie wenig berechtigt die Hoffnung der Whigs auf dauerndes

---

[11]) Newc. Pap. Nr. 32 949 S. 191. — Auch erinnert Grenville den König später daran, gesagt zu haben: „that he never would consent to it (der Wiedereinsetzung Pitts), but would rather submit to any extremities"; Grenv. Pap. II. S. 195.

[12]) Newcastle an Hardwicke, 30. Juni 1763: „Mr. Pitt mentioned the proposals made to him, by My Lord Bute, much in the same way, that he had done to the Attorney General, and that his answer was, that he would never have any thing to do with My Lord Bute. That he is now thoroughly connected with us; was determined to remain so . . ." Newc. Pap. Nr. 32 949 S. 240.

[13]) Newcastle an Devonshire, 8. April 1763: „I can't doubt, but

Zusammengehen mit dem großen Commoner war, ersehen wir aus dem Verlauf zweier langer Conferenzen zwischen diesem Staatsmann und Newcastle, von deren Inhalt ein Brief an Lord Devonshire vom 11. August Kenntniß giebt.[14]) Der alte Herzog hat das Gespräch gleich aus frischer Erinnerung schriftlich fixirt und will jetzt nur Cumberland, dem Adressaten und ganz wenigen Freunden Mittheilung davon machen. Aus diesem Briefe geht klar hervor, daß die Coalition höchst mangelhafte Aussichten bot. Newcastle hat nicht bemerkt, „daß Mr. Pitt zu irgend welcher activen Theilnahme an unserm Vorgehen geneigt sei, oder in irgend andrer Weise sich verhalten wolle, als vergangenes Jahr, und so sagte er mir thatsächlich in ausdrücklichen Worten." Er betonte die Schwierigkeit, etwas Gutes zu wirken, so lange der König nicht von dem Irrthum seiner Maßregeln, namentlich des Friedens, überzeugt sei, er wenigstens wolle sich keiner Verwerfung seiner Vorschläge aussetzen. Auf des Herzogs Erwiderung, Jeder müsse sehen, was er helfen könne, „sagte er merkwürdiger Weise, daß sich, im Falle der König selbst oder irgend Jemand, der in seinem besonderen Vertrauen stände (er erklärte, die Prinzessin=Wittwe von Wales zu meinen), die Gefahr, in der sich die königlichen Angelegenheiten befänden und die Nothwendigkeit eines Heilmittels erkenne, wohl manches thun lassen würde." Newcastle wendet ein, die Prinzessin werde nichts ohne eine gewisse Person (d. h. Bute) thun, und mit dieser seien sie alle entschlossen, nicht zu unterhandeln, auch hebt er die schlimmen Folgen einer Nichtintervention: Anarchie, Verwirrung, Rebellion, gewaltsame Zerstörung der Verfassung, hervor, Dinge, zu deren Abwendung Pitt die Alliance mit der Oligarchenpartei geschlossen hatte. Diesmal aber bleibt der große Staatsmann ganz kühl und entgegnet: falls man die Sache wirklich so verfahren hätte, so wäre es ihm lieber, sie verunglückte in den Händen der jetzigen Minister als in den ihrigen.

Mr. Pitt will be highly provoked at this new Arrangement; his Hatred and Contempt of George Grenville; and the Disregard which My Lord Bute has show'd to him by forming a new Administration. wherein the active Part of Ministry is in George Grenville, and no Notice is taken of Mr. Pitt, will engage him to exert more than even. . . ." Newc. Pap. Nr. 32 948 S. 59 ff.
[14]) Newc. Pap. Nr. 32 950 S. 65 ff.

Der alte Gegensatz zwischen Pitt und der Newcastle=Partei, der kurze Zeit zurückgetreten war, bricht hier wieder in gleicher Schärfe wie früher hervor. Die Oligarchen wollen den Sturz des Ministeriums durch actives Vorgehen herbeiführen und den König zwingen, sie selbst als geschlossene Partei zu leitender Stellung zu erheben; Pitt dagegen, der sich nur in Vertheidigung gegen Butes erwartete Uebergriffe zu einer Verbindung mit den Whigs verstanden hatte, will nichts von Offensive wissen, erhofft vielmehr ein Entgegenkommen des Königs unter Vermittelung der Prinzessin von Wales und ihres Vertrauten, Lord Butes.

In Wahrheit hatte sich die hier documentirte Hoffnung bereits zu erfüllen begonnen und erhält dadurch das ablehnende Verhalten Pitts gegen Newcastle erst seine volle Beleuchtung. Die Unterredung fand nach Angabe des Briefes am Dienstag, den 9. August, statt, seit dem 8. aber schwebten bereits Unterhandlungen zwischen Pitt und dem Hofe.

Ein treuer Anhänger Butes und Gegner der Newcastle=Fraction war Lord Shelburne, damals erster Lord des Handels. Er war mit dem König erzogen worden und stand daher zum Hof in besonders vertrauten Beziehungen. Wiewohl er seinen politischen Prinzipien nach Pitt sehr nahe stand und sogar später nach des großen Ministers Tode als Verfechter seiner Ideen gelten konnte, so hatte er doch lange Zeit eine starke Abneigung gegen ihn empfunden, da er seine Kriegspolitik nicht billigte und in ihm einen Verbündeten der verhaßten Oligarchenpartei erblickte. Jetzt nach Beendigung des Krieges war er doch zu der Einsicht gekommen, daß gerade Pitt wie im Innern, so zur Leitung des Auswärtigen, zur Sicherung des Friedens unentbehrlich sei; zugleich aber hielt er es für nothwendig, den Herzog von Bedford, den Vollender des Friedens, ins Ministerium zu bringen, dessen Einfluß im Parlament unentbehrlich schien.[15]) Bute schloß sich Shelburnes Anschauung an. Nachdem er dem König, der gerade damals mit Grenville, seinem ersten Minister, höchlichst unzufrieden war,[16]) zu dessen Entlassung gerathen hatte, beauftragte er Shelburne, mit jenen beiden Männern in Unterhandlung zu treten.

[15]) Fitzmaurice, Life of Shelb. I. S. 282 ff. — Grenv.'s Diary, 7. September 1763. Grenv. Pap. II. S. 204.

[16]) Egremont an G. Grenville, 3. August 1763. Grenv. Pap. II. S. 83 f.

Bedford, dessen Unwille gegen den Günstling jetzt scharf hervor=
trat, zeigte sich zwar bereit zu acceptiren, stellte aber die Bedingung,
daß Bute selbst aus der Stadt entfernt werden müsse, da sein Ein=
fluß oder der Schein eines solchen der neuen Regierung Schwierig=
keiten bereiten werde. Er ließ sogar den König bei seiner bezüglichen
Audienz fälschlicher Weise glauben, es sei Butes eigne Absicht sich
aus London zu entfernen, unter dem Vorgeben, Shelburne habe ihm
dergleichen gesagt. Das wollte dieser Lord natürlich nicht auf sich
sitzen lassen,[17]) und so kam es zu heftigen Zwistigkeiten.

Auch mit Pitt nahm die Unterhandlung keinen glatten Verlauf.
Der verlangte wieder andere Dinge, die der Hof ebensowenig bewilligen
konnte, nämlich den Ausschluß aller derer von der Verwaltung, welche
am Abschluß des Friedens theilgenommen hatten, vornehmlich des
Herzogs von Bedford.[18]) Als Bute dies seinem Herrn berichtete,
zeigte sich Georg höchlichst überrascht. Die Worte: „Jeder Mann ist
zu entlassen, der am Frieden Antheil gehabt hat" hörte man ihn
öfters wiederholen; doch ließ es ein plötzliches Unwohlsein der Königin
nicht zu weiterer Aussprache kommen.[19]) Die Sache ruhte für einige
Tage, ohne daß sie von Bute aufgegeben worden wäre.

Der am 21. August erfolgte, unerwartete Tod Lord Egremonts,
der das eine Staatssecretariat des Aeußeren bekleidete, zwang die
Krone, sich über einen Nachfolger zu entscheiden und legte damit die
Gelegenheit nahe, einen vollkommenen Wechsel der Regierungsorgane
eintreten zu lassen. Für Bute, der die Geneigtheit des Königs hierzu
kannte und nunmehr über die Gesinnung und die Propositionen
Bedfords unterrichtet war, blieb die Erhebung Pitts das einzig
wünschenswerthe Ziel. Während die Opposition in der Meinung
verharrte, er werde jetzt eine seiner Creaturen in das erledigte Amt
befördern und damit seine geheime Antheilnahme an der Verwaltung
klar vor Augen führen,[20]) wollte er gerade den Mann für des Königs

[17]) Fitzmaurice, Life of Shelb. I. S. 254.
[18]) Grenv.'s Diary, 7. September 1763. Grenv. Pap. II S. 204.
[19]) Fitzmaurice, Life of Shelb. I S. 288. Die Königin sah
damals der Geburt ihres zweiten Kindes entgegen.
[20]) Newcastle an Devonshire, 27. August 1763: „My Lord Hardwicke
and I think, the filling up the Secretary's Office must be decisive;
as My Lord Bute must now discover . . . . his determination to
maintain his Power and Credit, if he does make a Secretary of

Dienst gewinnen, neben dem am allerwenigsten Raum für irgend
welchen Einfluß seinerseits übrig war.[21]) Er documentirte damit die
Aufrichtigkeit seines Rücktritts am besten.

Am Donnerstag, den 25. August, ließ er durch Vermittlung des
Lord-Mayors W. Beckford seinen Besuch bei Pitt für Abends 8 Uhr
ankündigen.[22]) Nach einem dreistündigen Gespräch, worin der große
Commoner seine Ansichten über Personen und Dinge entwickelte,
fragte Bute, warum er dies alles nicht dem Könige selbst sage. Auf
Pitts Einwand, er sei kein Mitglied des Council, fragte Jener, ob
er einem bezüglichen Befehl Folge leisten werde. Pitt erklärte sich
dazu bereit. So erhielt er denn am nächsten Tag eine ungesiegelte
Einladung für Sonnabend Nachmittag nach Queens Palace.

In seinem Gichtwagen, den jeder kannte, also vollkommen
öffentlich, begab er sich zur bestimmten Zeit dorthin, wurde äußerst
gnädig empfangen und in solch aufmerksamer Weise angehört, daß
er schließlich die Meinung faßte, der König habe sich überzeugen
lassen und werde seine Propositionen genehmigen.

Wenn auch die Quellen über die Einzelheiten der Audienz
nicht völlig übereinstimmen, so ist es doch sicher, daß Pitt auf
Wiederherstellung einer Anzahl seiner dermaligen Verbündeten ge=
drungen hat. Hardwicke erzählt nach Angaben Newcastles und Pitts,[23])
der König habe ein schriftliches Verzeichniß verlangt, Pitt aber sei
nicht darauf eingegangen, sondern habe die künftigen Minister nur
mündlich bezeichnet. Einige von ihnen, Devonshire, Hardwicke, New=

State, who is known to be his Creature, and to be entirely dependent
upon him ...." Newc. Pap. Nr. 32 950. S. 254.

[21]) Bute an Shelburne, 4. September 1763: „Ich verschmähe zu
leugnen, daß ich meinte, Pitts Eintritt ins Ministerium im Verein mit
Einigen von der anderen Partei und mit des Königs Freunden, die seine
Maßregeln unterstützt hätten, würde ein starkes und beständiges Regiment
ergeben, die Heftigkeit des Parteitreibens beendet und dem Besten der
Souveräne eine ruhige und leichte Regierung verschafft haben." Fitzmaurice,
Life of Shelb. I S. 294. Hieraus geht zur Evidenz hervor, daß die Ver=
handlung mit Pitt Butes eigenstes Werk war, daß er nicht, wie die preußischen
Gesandten berichten (Depesche vom 2. September 1763. Berl. Archiv), mit
der Prinzessin von Wales ihrem Abschluß entgegengewirkt hat.

[22]) Chath. Corr. II S. 235 f.

[23]) Hardwicke an Lord Royston (seinen Sohn), den 4. September 1763.
Chath. Corr. II S. 236 ff. Anm. 1.

caftle, Temple (als erſten Lord des Schatzes), Charles Townshend nannte er für beſtimmte Aemter, Andere empfahl er im Allgemeinen zur Verwendung. Die Angabe Cumberlands,[24] er habe überhaupt keine Namen genannt, ſcheint mir wenig glaubwürdig, doch mag er wohl, wie ebendieſer Prinz Newcaſtle gegenüber mit Beſtimmtheit zu wiſſen behauptet, die Auszuſchließenden, vornehmlich den Herzog von Bedford, nicht namentlich bezeichnet haben. Wie dem auch ſei, Pitts Vorſchläge liefen darauf hinaus, daß die Führer der Oligarchen=partei nebſt Temple die wichtigſten Aemter bekleiden, Bedford, Gren=ville dagegen und alle Theilhaber am Friedenswerke ausgeſchloſſen bleiben ſollten.

Dem Könige war die Annahme dieſer Propoſitionen aus drei Gründen unmöglich. Einmal ging ihm die Heranziehung der früheren Oligarchen zu weit. Gewiß war es nicht Pitts Abſicht, das alte Parteiregiment zu erneuern, er wollte vielmehr die New=caſtle=Gruppe in ſeinen Dienſt ziehen, da er kein anderes Mittel ſah, das Staatsſchiff flott zu erhalten.[25]) Dies aber wollte Georg III. um keinen Preis zugeſtehen, da er die Wiederkehr des alten Zuſtandes befürchtete. Er ſprach es ſelbſt einem alten Rathsmitglied, Sir John Philipps, gegenüber aus, daß er wohl die Mitwirkung einzelner Glieder der Newcaſtle=Gruppe gebilligt hätte, niemals aber ihren Eintritt als Partei genehmigen werde.[26]) Weiter konnte ſich der König nicht entſchließen, auf den Rath derer zu verzichten, die ſeinen Wünſchen gemäß den Frieden zu Stande gebracht und im Parlament durchgeſetzt hatten. Auf Pitts Aeußerung, er könne ſeine Freunde nicht verlaſſen, erwiderte Georg III. ſehr richtig, wie man denn ihm zumuthen könne, diejenigen preiszugeben, die ihm treu und ergeben gedient hätten. Pitt half ſich mit der Gegenbemerkung, dafür trüge

---

[24]) Aufzeichnungen Newcaſtles über eine Audienz bei Cumberland am 20. September 1763. Newc. Pap. Nr. 32,951. S. 101 ff.
[25]) Nach den Angaben des Königs in Grenv.'s Diary. 28. Auguſt 1763. Grenv. Pap. II S. 197 ff. Pitt ſagte, „that he and his friends could never come into Government but as a party" und weiter: „the boat was sinking, that what he proposed was merely to keep it afloat." Pitt galt alſo die Verwendung der Partei nur als ein äußerſter, momentaner Nothbehelf.
[26]) Sir John Philipps an Grenville, 8. September 1763. Grenv. Pap. II S. 117 ff.

der König keine Verantwortung.²⁷) Endlich war es dem Monarchen durchaus zuwider, demjenigen Lord, den er seit der Affaire Wilkes als persönlichen Feind betrachtete, dem Grafen Temple, das wichtigste Staatsamt anzuvertrauen. So ward er sich bald darüber klar, daß er auf die Vorschläge des großen Staatsmannes nicht eingehen, die Wünsche seines Günstlings nicht erfüllen könne. Da ihm unter solchen Umständen nichts übrig blieb, als die derzeitigen Minister zu behalten, so gab er schon am Sonntag, den 28., George Grenville die Versicherung, er werde ihn in jeder Weise unterstützen und nur seinem Rathe folgen.²⁸) Zugleich eröffnete er ihm, Lord Bute gedenke sich von allen Geschäften zurückzuziehen²⁹) und London zu verlassen.

Trotzdem machte der Günstling noch einen letzten Versuch, die Erhebung Pitts dadurch zu ermöglichen, daß er wenigstens zwei von jenen Hindernissen beseitigte. Er schickte Beckford am Montag früh zu ihm und ließ ihm sagen, er möge sich doch damit begnügen, die beiden Staatssecretariate neu zu besetzen und statt seines Schwagers Temple vorerst eine neutrale Person, vielleicht Lord Northumberland, an die Spitze des Schatzamts zu bringen, in sechs Monaten werde dies Amt seinem Freunde zur Verfügung stehn. Pitt hatte darauf, an demselben Tage, eine zweite Audienz beim König, ließ sich aber zu keiner Ermäßigung seiner Forderungen bewegen.³⁰) So kam der ganze Plan zu Fall.

---

²⁷) Grenv.'s Diary, 28. August 1763. Grenv. Pap. II S. 197 ff.
²⁸) Ebendaselbst.
²⁹) Bute besaß noch die Verwaltung der Privy Purse des Königs.
³⁰) So erzählt Mr. Elliot, ein Freund Butes, an Grenville. Grenv. Pap. II S. 201 f. — Grenville hebt hervor, daß dies Angebot stattgefunden habe, nachdem der König ihm (Grenville) seine fernere Unterstützung versprochen. Er will hierin eine Unaufrichtigkeit sehen. Mir scheint der Vorschlag an Pitt aus Butes eigenster Initiative entsprungen und ein Beweis zu sein, daß es vornehmlich Bute und weniger der König war, der Pitts Eintritt wünschte. Georg III. wird den zweiten Versuch schon am Sonnabend für aussichtsloses gehalten und deshalb geglaubt haben, seinem Minister obige Verirrungen machen zu können. Pitt sagte zwar einige Zeit später zu Newcastle (Newcastles Aufzeichnungen. Newc. Pap. Nr. 32 951 S. 192), „he was persuaded, M. L. Bute was in earnest, at first, in wishing the success of this negotiation, but he admitted, that it was M. L. Bute, who broke it off, at least" und weiter: „if I had engaged to

Es zeugt von großem Selbstbewußtsein, daß Pitt sich diese Abweisung durchaus nicht zu erklären vermag. Er glaubt, an dem zwischen beiden Audienzen liegenden Sonntag müßten von gegnerischer Seite Anstrengungen zu seinen Ungunsten gemacht worden sein,[31]) während der König offenbar gleich am Sonnabend zur Nicht= annahme der Propositionen entschlossen war. Allerdings wollte dieser die Verhandlung nicht sogleich abbrechen und beorderte er ihn deshalb, wie Hardwicke angiebt, zu der zweiten Audienz am Montag, vielleicht in der Hoffnung einer Sinnesänderung oder auch nur seinem Günstling zu Gefallen, eine Billigung jener Forderungen aber hat er sicher nicht bekundet. Mag der Widerspruch des Königs auch nicht so bestimmt geklungen haben, wie er selbst es seinem ersten Minister darstellt, so hatte er doch immerhin Bedenken und Gegengründe geäußert. Pitt aber besaß ein solches Vertrauen auf das Gewicht seiner Darlegungen und die Wirkung seiner Rede, daß er Georg III. überzeugt zu haben glaubte, bloß weil der König schließlich nichts zu erwidern wußte. Das begegnete diesem aber sehr leicht, auch wenn er seine Meinung keineswegs aufgab.[32])

Dieser mißlungene Versuch, Pitt die Staatsleitung von Neuem zu übertragen, bedeutete einen Sieg des bestehenden Ministeriums über Bute, der sich in Folge dessen genöthigt sah, vom Hofe zu weichen.[33]) Schriftlich ersuchte er den König, Grenville sein volles Vertrauen zu schenken, und ihm selbst zu erlauben, sich auf seinen Landsitz zurückzuziehen, da seine Nationalität und Unpopularität nur schädlich wirken könne. Auch das einzige Amt, das er noch innehatte,

defend, or screen M. L. Bute, the negociation would not have broke off." Hieraus geht aber nur hervor, daß Pitt gegen Butes Absichten noch immer sehr mißtrauisch war und von der Gesinnung des Königs gegen ihn (Pitt) eine zu günstige Auffassung hatte. Thatsache ist, daß die Verhandlung an dem Widerwillen des Königs scheiterte.

[31]) Hardwicke an Royston, 4. September 1763. Chath. Corr. III S. 236 ff. Anm. 1.

[32]) Walpoles Mem. I S. 20: „Silence served him (dem König) to bear with unwelcome ministers or to part with them."

[33]) Grenv.'s Diary, 28. August 1763: „Der König sagte zu Gren= ville, daß Lord Bute sich vollständig von jeglichem Geschäft zurückzuziehen wünsche, daß er sich für einige Zeit vom Könige entfernen wolle, bis eine fest gegründete Verwaltung für Eifersucht gegen ihn keinen Raum mehr lassen würde." Grenv. Pap. II S. 197 ff.

die Privatschatulle, war er aufzugeben bereit.³⁴) Mit Befriedigung konnte der König diesen Brief George Grenville vorlesen, über den sich darin einige schmeichelhafte Bemerkungen fanden.³⁵)

Hiermit sahen sich die verantwortlichen Rathgeber der Nothwendigkeit überhoben, Butes Entfernung ausdrücklich zu fordern und dokumentirte sich sein Abgang formell als ein freiwilliger. So oft aber der König die Neigung zeigte, seinen Vertrauten bei sich zu behalten oder sein Exil zu verkürzen, widersprach Grenville mit Eifer, da eine solche Maßregel den Credit der Regierung erschüttern werde.³⁶) Jetzt erkannten auch Newcastle und seine Freunde mit Verwunderung, daß Bute nicht allein nicht hinter dem Vorhang regierte, sondern sogar mit den Ministern auf äußerst gespanntem Fuße stand,³⁷) ja, daß er von ihnen als ein Freund Pitts betrachtet wurde.³⁸)

Eine weitere Folge war, abgesehen von der Ernennung des wenig bedeutenden Earl of Sandwich zum Staatssecretär an Egremonts Stelle, der Wiedereintritt des Herzogs von Bedford, der bisher am Ministerium Grenville nicht betheiligt gewesen war. Er hatte zehn Tage vor der Conferenz zwischen Pitt und Bute den großen Commoner zu gemeinsamer Aktion zu veranlassen gesucht, war aber,

---

³⁴) Gilbert Elliot an Grenville, 31. August 1763. Grenv. Pap. II S. 101.

³⁵) Grenv.'s Diary, 29. August 1763. Grenv. Pap. II S. 201 f.

³⁶) Grenv.'s Diary, 5. September 1763: „Der König sagte gesprächsweise, Butes Rückzug sei seine eigene Handlung; Se. M. sah die Nethwendigkeit, daß er aufs Land gehen müsse, nicht ein.... Grenville sagte Sr. M., er müsse doch wissen, welch große Gährung gegen ihn vorhanden sei. Grenv. Pap. II S. 203 f. Ebenso Grenv.'s Diary, 8. September 1763. Grenv. Pap. II S. 204. Ueber die Absichten der Minister betreffs Bute vgl. auch Grenv.'s Diary, 9. September 1763. Grenv. Pap. II S. 206. — Sandwich an Bedford, 26. u. 28. September 1763. Bedf. Corr. III S. 250 f. — Grenv.'s Diary, 23. September 1763. Grenv. Pap. II S. 203 f.

³⁷) Newcastle an Ch. Yorke, 19. September 1763. Newc. Pap. Nr. 32 951 S. 95.

³⁸) Newcastle an Lincoln, 24. September 1763: „I was yesterday at Gunnersbury, where I had a particular Account of the monstr'ous Behaviour of the Ministers, and particularly of M. L. Sandwich, who talks like a madman, and with the utmost indecency, both of Mr. Pitt and My Lord Bute, whom they now put together, in every thing." Newc. Pap. Nr. 32 951 S. 164.

als Hauptbetheiligter am Friedensschluß, abgewiesen worden. Trotz dem hatte er dem König gerathen, mit Pitt zu verhandeln und hiermit diesen, der auf dem Ausschluß Bedfords bestehen zu müssen glaubte, dem Vorwurf der Undankbarkeit ausgesetzt.³⁹) Der Herzog mochte auf eine Meinungsänderung gehofft haben. Als er dann erfuhr, daß Pitt ihn dennoch beim König proscribirt und sich die Verhand= lung hieran zerschlagen habe, da stand sein Entschluß fest, auch ohne ihn ein Portefeuille zu übernehmen.⁴⁰) Georg III., der sich auch hier wieder dem Herzog geneigt zeigte,⁴¹) scheint das ablehnende Ver= halten Pitts ihm gegenüber geflissentlich hervorgehoben zu haben,⁴²) um ihn zum Eintritt ins Cabinet anzureizen.

Aus diesen ganzen Vorgängen resultirte eine starke Spannung zwischen beiden Staatsmännern, die durch Bedfords scharfes Auftreten gegen Bute, von dem das Gerücht zu melden wußte, noch gesteigert wurde. Der Herzog war empört über die von Pitt gestellten Forde= rungen, von denen er sich eine sehr übertriebene Vorstellung machte,⁴³)

³⁹) Siehe nächste Seite Anm. 44. Wenn es in der Einleitung zur Bedf. Corr. heißt: „Es scheint nicht wenig seltsam, daß der Herzog von Bedford dem Könige zur Verhandlung mit Pitt gerathen haben und Pitts erste Bedingung der Ausschluß des Herzogs von Bedford von des Königs Councils gewesen sein soll," so ist die Handlungsweise Pitts nach unserer Darstellung vollkommen erklärt.

⁴⁰) Bedf. Corr. III (Einleit. S. XXXVIII f.

⁴¹) Der König an Sandwich (?), 18. August 1763: „Nothing can be abler nor more concise than the D. of Bedfords letter. I agree entirely with him in every part of the weighty subjects now before me." Bedf. Corr. III S. 237.

⁴²) Sandwich an Bedford, 5. September 1763: „Ich wiederholte ihm (dem König) das Meiste, was ich Ew. Gnaden auf seinen Befehl gesagt hatte, aber in einem Punkte corrigirte er mich und sagte mir, ich hätte mich nicht stark genug ausgedrückt: ich hätte gesagt, Mr. Pitt habe daran be= standen, daß der Herz. v. Bedford kein wirkungsvolles Amt in seinem Dienst haben solle, aber seine Worte wären, daß er gegenwärtig überhaupt kein Amt haben solle." Bedf. Corr. III S. 238. Man erinnere sich auch, wie der König im August 1762 gerade Bedfords Mitwirkung im Council gewünscht hat. Vgl. S. 37.

⁴³) Bedford an Mr. Neville, 5. September 1763. Bedford nennt die Forderungen Pitts übermäßig und unverschämt: alle die am Frieden mit gewirkt, alle Parlamentsmitglieder, die ihm zugestimmt hätten, habe er ihrer Stellungen berauben wollen. Bedf. Corr. III S. 24 f.

und nahm ihm zum Trotz das Präsidium des Council für den ge=
storbenen Earl of Granville an; Pitt aber äußerte sich später bei
Gelegenheit einer langen Conferenz mit Newcastle⁴⁴) in heftigen
Worten über das intrigante Verhalten Bedfords, dem er mit voller
Aufrichtigkeit entgegengetreten sei.

Was aber in demselben Gespräch unser besonderes Interesse
erweckt, ist Pitts energische Verwahrung gegen die Behandlung
Butes von Seiten des Ministeriums. Er hat gehört, der Günstling
solle zum Verlassen des Königreichs gezwungen werden und erklärt
es für eine schreiende Ungerechtigkeit, einen Mann zu verbannen,
bloß weil er ihn (Pitt) beim Könige einzuführen versucht habe,
dergleichen dürfe in einem freien Lande nicht geduldet werden.
Nicht die Thatsache, daß er dies Verfahren verurtheilte, spricht
für unsre Auffassung seiner Beziehung zu Bute, — gegen Rechts=
verletzungen war er selbst Feinde zu vertheidigen stets bereit —

⁴⁴) Newcastles Aufzeichnungen über eine vierstündige Unterredung mit
Pitt in Hayes, am 28. September 1763: „He (Pitt) began with the
loudest, and most bitter Complaints of the Duke of Bedfords Behaviour; such, as was not to be born . . . he had an abhorrence
of him and would show it. — The foundation . . . . was this, that
he had been sounded by the Duke of Bedford about ten days before
his (Pitt's) interview with M. Lord Bute whether Mr. Pitt would
act with, or have anything to do with the Duke of Bedford? His
answer was clear and positive; that after the principal stand, which
H. Gr. had had in making the Peace, which, Mr. Pitt thought, was
the cause of all our Misfortune, he could not act with H. Gr., or
with any of those who were concerned in making the Peace. That,
notwithstanding this, and knowing this, H. Gr. had been pleased,
to give it as his opinion to the King, that it was necessary for
H. Maj., to take Mr. Pitt into his Service. That, after this, upon
the Failure of this Negociation with Mr. Pitt, the Duke of Bedford
had not only entered into the Administration, and was to be con-
sidered as the Minister, but was violent for driving M. Lord Bute
out of the Kingdom; because he had introduced Mr. Pitt to the King.
— Mr. Pitt sounded this very high, and exclaimed much, upon the
presumptuous Behaviour of Ministers, who were for forcing a Man
out of the Kingdom, without any legal Accusation or Condemnation;
and this purely, because he had dared to introduce Mr. Pitt to the
King; that he would publickly declare against such a Proceeding,
as the most arbitrary one; and what should not be suffered in a
free Country . . .." Newc. Pap. Nr. 32951 S. 192 f.

sondern die Art, wie er es that, die Heftigkeit, mit der er die Handlungs=
weise des Ministeriums brandmarkte. „Mr. Pitt betonte dies sehr
stark", erzählt Newcastle, „und erklärte sich heftig gegen das übermüthige
Benehmen von Ministern, die einen Mann ohne rechtliche Anklage und
Verurtheilung zum Verlassen des Königreichs zwingen wollten....,
er wolle sich öffentlich gegen ein solches Vorgehen aussprechen, gegen
eine solche Willkür....." Für einen Gegner, der ihn aus dem
Amte verdrängt und seine Wiedereinsetzung vereitelt hätte, wie die
landläufige Meinung von Bute annimmt, würde er nicht in solcher
Weise eingetreten sein. Newcastle erkannte dies wohl und klopfte alsbald
auf den Busch. Er wies auf die Behauptung öffentlicher Blätter
und die Bemühungen der Minister hin, Pitt als so eng liirt mit
Bute hinzustellen, daß er ihn sich zu verpflichten suchte, ihn beschützte
und vertheidigte. Pitt aber antwortet ausweichend: er könne mit
Niemandem zusammenwirken, der am Friedensschluß betheiligt ge=
wesen sei, — eine Erwiderung, die keine Dementirung jener Ver=
muthungen enthält, da ja gar keine gemeinsame Amtsführung in
Frage gestanden hatte — und fährt fort, er könne nicht, bloß um
solchen Verdächtigungen zu entgehen, jene Ungerechtigkeiten dulden.[45])
Offenbar sucht er den Eindruck seiner ersten, in der Erregung ge=
sprochenen Worte abzuschwächen, gerade dies Bemühen aber beweist
uns, daß er zu Bute in freundlicherer Beziehung stand, als er seine
Parteigenossen erkennen lassen wollte. Und dem entspricht sein ganzes
sonstiges Verhalten.

Doch wie dem Grafen Bute, so meinte er auch dem König trotz
des Mißlingens der Unterhandlungen einigermaßen näher getreten
zu sein. Nicht allein gegen Newcastle hebt er besonders stark hervor,
der König sei nicht erzürnt auf ihn, seine Worte hätten Eindruck auf

---

[45]) Newcastles Aufzeichnungen vom 28. September: „I then mentioned
some of the Assertion in the publick Papers, and the Endeavours
used by the Ministers, to represent Mr. Pitt, as connected with My
Lord Bute, and even so far as to engage, to protect, to defend
him . . ." Er antwortete, er könne mit Niemandem zusammenwirken, der
beim Friedensschluß betheiligt war, d. i.: „Bute, Bedford, Halifax, Grenville,
but that, to satisfy those, who might pretend to have Suspicions,
he would not, in a cruel, arbitrary Manner, join in banishing a Man
his Country, before anything had been laid to his Charge, or any
Censure been passed upon him."

Se. Majestät gemacht,⁴⁶) sondern auch in einer späteren Conferenz mit Cumberland äußerte er sich ganz entsprechend.⁴⁷) Der Herzog fragte ihn: „Glauben Sie, Mr. Pitt, daß Sie einen Eindruck beim König hinterlassen haben?" „Ja, Herr." „Ich kann Sie versichern, Sie irren sich, Sie sind gegenwärtig der schädliche Mann bei Hof. Der Herzog von Newcastle war es vor Kurzem, aber jetzt steht es anders." Er hörte dies alles, aber es schien keinen Eindruck auf ihn zu machen. Hieraus, sowie aus Pitts Abneigung gegen actives Vorgehen, seinem Bestreben, Bute zu entschuldigen, und seiner Hoffnung auf Erneuerung der Verhandlung glaubt Cumberland den Verdacht schöpfen zu dürfen, Pitt sei im Geheimen für Bute wirksam.⁴⁸) Auch ein bewährter Beobachter wie Lord Chesterfield, der den Hof genau kannte, schreibt, Pitt und Bute seien sicherlich, wenn auch im Geheimen, verbunden und würden irgend eine Mine springen lassen.⁴⁹) Von einer wirklichen Verbindung war nun freilich noch keine Rede, aber der Wunsch einer Annäherung war sicherlich beiderseits vorhanden.

⁴⁶) (Ebenda: „And, as his great Point was, to prove, that the King was not angry with him; and that what he had said to H. Maj., had made an Impression." (Von Newcastle unterstrichen.)

⁴⁷) Newcastle an Devonshire, 2. November 1763, über eine Verhandlung zwischen Pitt und Cumberland: „H. R. Highn. .... asked him: „Do you think, Mr. Pitt, that you have left an Impression with the King?" „I do, Sir." „I can assure you, you are mistaken, you are, at present, the obnoxious Man at Court. The D. of Newcastle was so, some time ago, but that is otherwise now." All this he heard, but it did not seem to make any Impression upon him." Newc. Pap. Nr. 32952. S. 185.

⁴⁸) Aufzeichnung Newcastles über ein Gespräch mit Cumberland, 20. September 1763: „. . . . and has some doubt, whether that does not arrise from a secret Management for My Lord Bute . . . H. R. Highn. founds his Opinion, from the Difficulty Mr. Pitt has in taking any action Part, from the Inclination he has to excuse My Lord Bute, as to his having any Part in breaking off his Negotiation with the King, from the Impression which Mr. Pitt is willing to hope, he has left with the King; and from Mr. Pitts Expectation, or even Supposition, that his Conferences may be renewed with Success." Newc. Pap. Nr. 32951. S. 101f.

⁴⁹) Letters of Chesterfield III S. 1298.

Bei dieser Sachlage ist es nicht zu verwundern, daß die Newcastle=
Partei mit dem Verhalten ihres Bundesgenossen durchaus nicht zu=
frieden scheint Cumberland tadelt ihn wegen der vielen Zugeständnisse
an den Hof⁵⁰) und wegen seiner Unthätigkeit, die er stets mit der
Ausflucht begründe, die Minister würden sich schon selbst unmöglich
machen. Ein geplantes Coalitionsdiner und überhaupt jede Ver=
einigung lehnte Pitt ab unter dem Vorgeben, das könne den Anschein
von Parteiung erwecken. Dies Motiv,⁵¹) das natürlich den Anderen
völlig unverständlich blieb, beweist uns, wie es Pitt damals darauf
ankam, jeden Anlaß zur Disharmonie mit der Krone, soweit es sich
mit seinen Grundsätzen vertrug, zu vermeiden. Die Bekämpfung
des Factionswesens war ja Georgs III. hauptsächlichstes Bestreben.
Pitts Verhalten im Parlament bei Entscheidung der Affaire Wilkes
entspricht unserer Auffassung ebenfalls. In dieser Angelegenheit, die
den Herrscher so nah berührte, daß er jede Opposition darin mit
Amtsentsetzung zu ahnden befahl,⁵²) unterstützte der große Staats=
mann seine Gesinnungsgenossen äußerst lau. Viele schrieben ihm
geradezu die Schuld an der Niederlage zu.⁵³) Er beobachtete dabei
dasselbe Verfahren, wie bei dem Kampf um die Präliminarien, in=
dem er vermied, die Regierenden persönlich anzugreifen, und seine
Zugehörigkeit zu einer Partei ausdrücklich ableugnete. Auch Graf

⁵⁰) Gespräch Newcastles mit Cumberland: „I can't say, that he
(Cumberland) approves every thing that Mr. Pitt has done: and
particularly the many Concessions, which he made."
⁵¹) Newcastle an Devonshire, 2. November 1763 (wie S. 84 Anm. 47):
„Mr. Pitt began with a general Declaration against Opposition, that
the Ministers were not to be removed that way; that their I n s u f f i -
c i e n c y and their C o n d u c t might bring it about." Und weiterhin:
„To the Dinner, and to all previous Concert, Mr. Pitt, as I understand, gave on absolute Negative, and said, t h a t had the Appearance
of Faction."
⁵²) Der König an Grenville, 25. November 1763. Grenv. Pap. II
S. 166.
⁵³) Countess Temple an Lord Temple, 20. November 1763: „Mr.
Brand... meint, Mr. Pitts Rede habe viele Leute abgeschreckt: ... er
war so bieder, er lobte Jeden und Jedes, und fügte dann hinzu, er stände
vereinzelt: er (Brand) meint, er (Pitt) würde Lord Bute verletzt haben,
wenn er sich nicht so benommen hätte; aber auf alle Fälle durfte er so was
nicht sagen, denn das war der Grund, weshalb die Minorität so klein war."
Grenv. Pap. II S. 164 f.

Shelburnes Verhalten ist sehr bemerkenswerth. Dieser Lord, der damals Pitt und Bute gleich nahe stand und zum Zeichen davon nach Mißlingen jener Augustverhandlungen aus dem Amte schied,[54]) hatte am Tage vor der Abstimmung eine anderthalbstündige Conferenz mit Pitt[55]) und opponirte dann in mildester Form unter Höflichkeits= bezeugungen für den Günstling und Schmeicheleien für den König.[56])

Die Stellung der verschiedenen Potenzen war also damals folgende: Georg III. harmonirte in den brennenden Fragen mit seinen Ministern, er sah in ihnen die energischen und erfolgreichen Verfechter der Prärogative.[57]) So unwillkommen ihm auch die Trennung von seinem Günstling war, so glaubte er den Wünschen Grenvilles und Bedfords nicht entgegentreten, ihre Autorität nicht in Frage stellen zu dürfen. Pitt stand in der Tagespolitik auf Seiten der Opposition, seine Principien zwangen ihn zum Zusammen= gehen mit Newcastle, er wollte sich aber den Weg zur Gunst des Monarchen und durch sie zur höchsten Gewalt offen halten. Deshalb vermied er es, sich fest an eine Partei zu binden und mit voller Kraft in die Bresche zu treten. Bute endlich scheint nicht abgelassen zu haben für sein Lieblingsproject, die Einsetzung Pitts, zu agitiren, eine Versöhnung anzubahnen.

Schon Mitte Oktober 1763 glaubte der Staatssecretär Lord Halifax Umtriebe in Erfahrung gebracht zu haben. Bei einem nachbarlichen Besuch Beckfords in Lutton, Butes Landsitz, sollte der Graf gesagt haben, wenn Pitt seine Bedingungen ermäßige, so sei es jetzt noch nicht zu spät. Der Lord Mayor sei sofort zu Pitt nach Hayes geeilt, um ihm das Gehörte zu überbringen, sei aber mit seinen Vorschlägen abgewiesen worden, da sich dieser nicht von dem „alten Schurken, dem Herzog von Newcastle", wie sich Beckford drastisch ausgedrückt habe, zu trennen vermöge. Als die Minister den König deshalb interpellirten, bestritt er die Möglichkeit eines solchen Vor= kommnisses, da Bute ihm versichert habe, Niemanden, nicht einmal

---

[54]) So erzählt Pitt an Newcastle bei einer Conferenz am 28. Sep= tember 1763. Newc. Pap. Nr. 32951 S. 192.
[55]) Grenv.'s Diary, 20. November 1763. Grenv. Pap. II S. 226.
[56]) Fitzmaurice, Life of Shelb. I S. 300.
[57]) Grenv.'s Diary, 10. Januar 1764 und 26. Februar 1764. Grenv. Pap. II S. 482 und 493.

seine Freunde, bei sich zu sehen. Um Klarheit zu gewinnen, sandte man Butes Privatsecretär, Mr. Jenkinson, nach Lutton. Dieser erfuhr von seinem Herrn, Beckford habe sich allerdings zu Tisch angesagt und sei empfangen worden, doch seien sie niemals allein gewesen, noch auch seien politische Gespräche geführt worden, nur beim Abschied habe Beckford laut gesagt: wiewohl er mit Pitt befreundet sei, müsse er doch gestehen, daß bei der letzten Verhandlung Pitt im Unrecht und Bute im Recht gewesen sei. Das bezog sich natürlich auf des Grafen Mahnung zur Mäßigung, die von Pitt nicht beachtet worden war. Mit dieser Auskunft, über die sich der König sehr befriedigt äußerte, war die Sache erledigt.⁵⁸) Ob in Wahrheit nichts weiter vorgefallen ist, läßt sich nicht entscheiden. Jedenfalls hat der König Lord Mansfield gegenüber auf Ehrenwort versichert, nichts von der Sache zu wissen,⁵⁹) und das dürfen wir ihm wohl glauben.

Im März 1764 kehrte Bute nach London zurück. Nachdem Lady Bute durch Lord Gowers Vermittlung bei Bedford angefragt hatte, ob er wirklich, wie man sage, in der Rückkehr ihres Mannes einen Grund zur Resignation sehen werde, und der Herzog jede derartige Aeußerung geleugnet hatte,⁶⁰) erschien der Günstling wieder in der Stadt und bei Hofe, angeblich aus Ueberdruß am Landleben und zur Verheirathung seiner Töchter. Alsbald war man überzeugt, er plane einen Wechsel des Ministeriums und verhandle bereits mit Pitt,⁶¹) der soeben im Verein mit der Opposition einen parlamentarischen Erfolg errungen hatte. Der Credit der Newcastle-Partei begann wieder zu sinken. Etwas Sicheres läßt sich freilich auch hier nicht feststellen, die betreffende Nachricht zeigt nur, wie man damals über Butes Bestrebungen dachte. Auch im Juli tauchte die Meinung auf, Pitt habe etwas in Aussicht, er habe seine Ansprüche erniedrigt und werde bereit sein, sich von der Opposition zu trennen,⁶²) aber auch

---

⁵⁸) Grenv.'s Diary, 14. und 29. October 1763. Grenv. Pap. II S. 214 f. und S. 217 f.
⁵⁹) Grenv.'s Diary, 10. März 1764. Grenv. Pap. II S. 495.
⁶⁰) Grenv.'s Diary, 16. Januar 1764. Grenv. Pap. II S. 483.
⁶¹) H. Walpole an Hertford, 27. März 1764: „Pitt hat sicherlich mit ihm (Bute) verhandelt und so den großen und unerwarteten Erfolg, den er mit der Opposition erlangt hat, von sich geworfen," Walpole's Lett. IV S. 393.
⁶²) Jenkinson an Grenville, 9. Juli 1764. Grenv. Pap. II S. 386.

diese entbehrte genügender Begründung. Erst im Jahre 1765, als ein bemerkenswerther Zwischenfall die Stellung des Ministeriums erschüttert hatte, bot sich dem Günstling aufs Neue Gelegenheit zu weiterer Verfolgung seines Lieblingsplanes. — —

Im März 1765 wurde Georg III. von einer Krankheit ergriffen, die als Vorbote seiner späteren Geistesumnachtung betrachtet werden darf. Sobald er genesen, regte er bei seinen Ministern den Gedanken einer Regentschaftsbill für den Fall seines Ablebens an, und bei Ausführung dieses Vorhabens war es, wo der König in eine bedenkliche Disharmonie mit seinen Rathgebern gerieth.[63])

Er hatte, um vorzeitige Eifersucht in seinem Hause zu verhüten, gewünscht, daß ihm selbst die testamentarische Ernennung des an die Spitze eines Regentschaftsrathes zu stellenden Regenten aus der Zahl der Mitglieder der königlichen Familie überlassen würde. Hiergegen hatten Grenville und seine Collegen nichts einzuwenden, doch stellten sie ihrem Herrn vor, wie eine solche Bestimmung auf großen Widerstand stoßen würde, falls nicht die Prinzessin von Wales durch den Wortlaut der Bill ausgeschlossen würde. Natürlich richtete sich dieser Einwand gegen Lord Bute, der, im Fall der König wirklich seine Mutter ernannte, voraussichtlich einen übermächtigen Einfluß im Staate erhielt. Georg III. ließ sich, in der Meinung, anderen Falles Schwierigkeiten im Parlament zu begegnen, zu der Genehmigung einer solchen Aenderung der Proposition bestimmen, und Bute selbst, der die Gelegenheit zur Discreditirung der Minister mit Freuden ergriff, bestärkte sie in ihrem Vorhaben, wohl wissend, wie tief sie hierdurch ihren Gebieter verstimmen mußten.

Dem Könige kam denn auch bald die Beleidigung zum Bewußtsein, die der Prinzessin und ihm selbst durch jene Ausschließung zugefügt wurde. Er konnte sich nicht enthalten, Grenville thränenden Auges mit Vorwürfen zu überhäufen, die dieser selbstredend, wiewohl vergeblich, durch Hinweis auf des Königs eigene Erlaubniß zu entkräften suchte. Noch mehr aber kam der leitende Staatsmann dadurch in Verlegenheit, daß das Parlament, von dem er vorausgesagt hatte, es werde an dem Einbegreifen der Prinzessin von Wales in die Regentschaftsbill Anstoß nehmen, jetzt gegen die Propositionen der

[63]) Vgl. über den ganzen Vorgang Grenv.'s Diary, 5. April 1765 ff. Grenv. Pap. III S. 127 ff.

Krone diese Einbegreifung ausdrücklich verlangte. Angeregt wurde der Beschluß von den Freunden des Königs und seines Günstlings, die ministerielle Partei konnte unmöglich dagegen stimmen und selbst ein großer Theil der Opposition besaß zuviel royalistische Gesinnung, um den kranken Monarchen durch Widerspruch gegen die seiner Mutter zugedachte Genugthuung zu verletzen.

Die unausbleibliche Folge dieser Vorgänge war der dringende Wunsch des Königs, sich des bestehenden Ministeriums zu entledigen, zu seiner Erfüllung aber zog er wie früher Bute zu Rathe, der damals wieder in voller Gunst und Gnade stand und sich nun mit den Ministern völlig überworfen hatte.

Die Blicke des Hofes richteten sich alsbald auf Pitt, um ihn aber zu gewinnen und dem neuen Cabinet genügenden Einfluß im Parlament zu sichern, waren die Führer jener Partei nicht zu entbehren, zu der allein Pitt in den letzten Jahren Beziehungen unterhalten hatte, der früheren Oligarchen. So combinirte man ein Ministerium, in welchem Pitt und Charles Townshend die Staatssecretariate, Temple und Newcastle das Geheimsiegel resp. das Präsidium des Council, der Herzog von Northumberland das Schatzamt verwalten sollten. Der Letztgenannte, ein Anhänger Butes, war, wie früher Bute selbst, die Interessen des Hofes zu vertreten bestimmt.

Nun hatte der Günstling schon einmal, im Juni 1763, eine ähnliche Combination geplant und mit Rockingham darüber verhandelt.[64]) Damals hatten die Whigs eine directe Besprechung zwischen Pitt und Bute verworfen und sich darauf geeinigt, daß der Herzog von Cumberland die Vermittelung übernehmen sollte. Dieser Gedanke wurde jetzt aufgegriffen. Der König ließ am 7. Mai 1765 den Herzog sondiren und dann mit den erforderlichen Verhandlungen beauftragen.[65])

Pitt, dem Lord Albemarle die Botschaft des Prinzen nach Hayes überbrachte, während Cumberland selbst mit Newcastle und Rockingham conferirte, hatte an dem Angebot Gewichtiges auszusetzen. Einmal war ihm die Vermittlung Cumberlands, mit dem er nie auf gutem Fuße gestanden und in der Politik wenig harmonirt

[64]) Vgl. S. 54.
[65]) Vgl. über den ganzen Vorgang den Bericht des Herzogs von Cumberland bei Albemarle, Mem. of Rock. I S. 185ff.

hatte, äußerst unsympathisch, dann aber wünschte er nicht als Mitglied der Newcastle-Partei betrachtet und mit deren Führern bei den Verhandlungen auf gleiche Stufe gestellt zu werden. Er selbst wollte mit der Bildung des Ministeriums beauftragt und als Leiter desselben angesehen werden. Dennoch lehnte er nicht direct ab, er stellte vielmehr fünf Bedingungen auf, unter denen ein voller Wechsel des auswärtigen Systems die wichtigste war.

Ueber diese Forderungen hätte sich wohl eine Einigung erzielen lassen, wenn Pitt des Herzogs abweichenden Wünschen einige Schritte entgegengekommen wäre; daran aber wurde er durch das schroff abweisende Benehmen seines Schwagers Temple gehindert, der schon deshalb von der ganzen Sache nichts wissen wollte, weil sie von Bute auszugehen und nur dessen Macht zu verstärken bestimmt schien.[66]) Er wußte den Freund von der Schädlichkeit der beabsichtigten Transaction zu überzeugen und so bewahrte auch dieser eine ablehnende Haltung. Pitt, schon ohnedies aus obigen Gründen zum Rückzug geneigt, ließ sich offenbar zu der Ansicht bekehren, das Ministerium Northumberland werde nur ein verhülltes Ministerium Bute sein und alle Schattenseiten eines solchen aufweisen,[67]) der Günstling werde gefährliche Regierungsmaximen zur Geltung zu bringen suchen.

So vermochte auch Cumberland selbst, als er auf Georgs Befehl am 12. Mai mit Albemarle nach Hayes kam, und ebenso bei einer zweiten Conferenz am 19. nichts auszurichten. Pitt erklärte, er würde nach St. James gehen, „wenn er die Constitution mitbringen könnte",[68]) womit er seinem neuerregten Verdacht gegen die verfassungsfeindlichen Intentionen Butes Ausdruck gab.

---

[66]) Grenv.'s Diary, 15. Mai 1765: „Lord Temple machte seine Einwendungen gegen diesen Plan, indem er namentlich sagte, er wolle nicht daran theilnehmen, Lord Butes Macht zu stützen, noch wolle er unter Lord Northumberland agiren, den er für Lord Butes Lieutenant ansah." Grenv. Pap. III S. 225.

[67]) Lord Fred. Cavendish an Rockingham, 21. Mai 1765: Pitt sagte, „er hätte nichts gehört, das ihn zu der Hoffnung berechtige, das Cabinet werde ihm geneigt sein. Im Gegentheil, Lord Bute, dessen Einfluß so stark wie jemals wäre, und dessen Begriffe von Regierung den seinigen äußerst fern ständen, würde den König seinem System abgeneigt machen." Albemarle, Mem. of Rock. I S. 211.

[68]) Chath. Corr. II S. 310 ff.

In der Erwartung des geplanten Ministerwechsels hatte sich der König Grenville gegenüber geweigert, den Schluß des Parlaments zu vollziehen, ohne vorerst seinen Grund dafür anzugeben.⁶⁹) Bald aber ließen sich die stattgehabten Conferenzen nicht mehr verbergen und mußte sich Georg III. heftige Vorwürfe seiner amtlichen Rath=geber gefallen lassen.⁷⁰) Als dann seine Hoffnungen unerfüllt blieben, sah er sich dem Rathe der Herzöge von Cumberland und Northumber=land gemäß in die unangenehme Lage versetzt, einen Ausgleich mit den gekränkten Ministern, Grenville und Bedford, versuchen zu müssen, diese aber waren unklug genug, ihm den Rückzug außerordentlich zu erschweren.

Wie im Jahre 1763, so sollte auch jetzt Lord Bute dafür büßen, daß man es unternommen hatte, Pitt zu leitender Stellung zu er=heben. Der König mußte versprechen, sich nie wieder von seinem Günstling berathen zu lassen, und ward außerdem genöthigt, dessen Bruder, Stuart Mackenzie, aus der Leitung der schottischen Angelegen=heiten zu entfernen, wie auch des schottischen Geheimsiegels zu berauben. Letztere Handlung fiel ihm besonders deshalb schwer, weil er sein Wort verpfändet hatte, das betreffende Amt seinem Inhaber niemals zu entziehen. Er belastete die Minister mit der Verantwortung für diesen Wortbruch und setzte Mr. Stuart selbst in gnädigster Weise von seiner aus der gegenwärtigen Zwangslage resultirenden Entlassung in Kenntniß.⁷¹)

Doch nicht lange dauerte dies schwach fundirte Einvernehmen. Schon Mitte Juni wurde dem König, wie er dem Kanzler Northington selbst erzählte, hinterbracht, daß Pitt, falls Georg III. selbst ihn empfangen wollte, sich wohl zur Theilnahme an der Regierung werde bewegen lassen.⁷²) Alsbald wurde er durch ein Schreiben Cumberlands zu Hof befohlen und hatte nun vier lange Audienzen, am 19., 22., 23. und 26. Juni 1765. Die erste führte zu keinem Resultate, alles

---

⁶⁹) Grenv.'s Diary, 16. Mai 1765. Grenv. Pap. III S. 165.
⁷⁰) Bedford an Marlborough, 19. Mai 1765. Bedf. Corr. III S. 279.
⁷¹) Sir Gilbert Elliot's Diary, 26. Mai 1765. Bedf. Corr. III S. 284. Mr. Mackenzie an Mr. Mitchell, 4. Juni 1765. Chath. Corr. II S. 312 f. Der Vorgang lastete so auf dem Gewissen des Königs, daß er sich an diesem Tage das Sakrament zu nehmen weigerte.
⁷²) Sandw. an Grenville, 19. Juni 1765. Bedf. Corr. III S. 293 f.

blieb ad referendum.⁷³) Die Nachricht davon aber veranlaßte Grenville die Stadt zu verlassen und auf seinem Landsitz das Ende der Affaire abzuwarten. Ueber die zweite schreibt Pitt selbst, sie habe die Dinge beträchtlich gefördert und viel Gutes verhießen. Er rühmt des Königs Freimüthigkeit.⁷⁴) Vielleicht hat Georg III. ihm seine Besorgnisse hinsichtlich Butes zerstreut und die Versicherung gegeben, ihm in der Leitung der Politik die erforderliche Selbständigkeit zu belassen, denn was Anderes hätte einen solchen Umschwung in Pitts Stimmung hervorrufen können. Ihm, der schon einmal sein Amt quittirt hatte, weil sein Rath außer Acht gelassen wurde, mußte an einer solchen Garantie das Meiste gelegen sein. Sichere Angaben besitzen wir darüber freilich nicht. Im Uebrigen soll Pitt, wie Cumberland erzählt, den aufrichtigen Wunsch gezeigt haben, in des Königs Dienst zu treten, und mit seinen Zugeständnissen weiter gegangen sein, als der König erwartet hatte.⁷⁵)

In der ersten Audienz wurden vornehmlich die Maßregeln, in der zweiten die Personalien besprochen.⁷⁶) Nach der dritten sandte Pitt bereits zu Lord Lincoln und Mr. Calcraft, denen er Portefeuilles zu übertragen wünschte.⁷⁷) Den Interessen des Königs und seines Günstlings sollte dadurch Rechnung getragen werden, daß alle Freunde Butes in ihren Aemtern blieben, Northumberland den Lordkämmererposten erhielt und Mackenzie durch eine gut dotirte Stelle für den Verlust des schottischen Geheimsiegels entschädigt wurde.⁷⁸)

Nunmehr kam es allein darauf an, wie sich Temple zu der geplanten Transaction verhalten werde, denn man konnte auch jetzt

---

⁷³) Temple an Grenville, 21. Juni 1765. Grenv. Pap. III S. 60.
⁷⁴) Pitt an Temple, 22. Juni 1765: „Ich will nur sagen, daß die Angelegenheit in der heutigen Audienz beträchtlich vorgeschritten ist: Die erste Audienz war wie diese unendlich gnädig, aber nicht gleichermaßen inhaltreich. Im Ganzen prophezeie ich viel Gutes, soweit es die Absichten betrifft: und ich bin wahrhaft gerührt von dem Benehmen und der Königlichen Freimüthigkeit, die ich zu finden das Glück hatte." Grenv. Pap. III S. 60f.
⁷⁵) Cumberland an Albemarle, 26. Juni 1765: „... da er aufrichtiger und mit herzlicheren Empfindungen in des Königs Dienst getreten wäre und sogar fast weiter ging als des Königs Absichten." Albemarle, Mem. of Rock. I S. 213f.
⁷⁶) Grenv.'s Diary, 25. Juni 1765. Grenv. Pap. III S. 201.
⁷⁷) Rigby an Bedford, 23. Juni 1765. Bedf. Corr. III S. 297f.
⁷⁸) Grenville an Bedford, 25. Juni 1765. Bedf. Corr. III S. 298f.

nicht erwarten, daß sich Pitt von seinem Schwager trennen werde, der noch immer fest zu ihm hielt. Die Lage des Grafen aber hatte sich gerade in solcher Weise verändert, daß ihm der Weg in das neue Cabinet verschlossen blieb.

Lord Temple hatte seit dem Jahre 1762 mit seinem Bruder George Grenville in offenkundiger Feindschaft gelebt, weil dieser sich dem neuen System zugewendet, die Politik des Königs und Lord Butes unterstützt und schließlich zu leiten unternommen hatte. Das scharfe Auftreten des Grenville-Ministeriums gegen Temples Schützling John Wilkes und gegen die Preßfreiheit hatte die Spannung auf den höchsten Grad gebracht.

Jetzt waren Momente vorhanden, die eine Versöhnung zu bewirken sich geeignet erwiesen. Einmal war der jüngere Bruder auch zum heftigen Gegner Butes geworden, wider den sich die Angriffe des älteren seit Langem gerichtet hatten, dann aber stimmten Beide in der wichtigsten Angelegenheit, die damals die englischen Staatsmänner und das englische Volk bewegte, in der Frage der Besteuerung Amerikas, vollkommen überein. Aus Grenvilles Initiative war die Stempelacte hervorgegangen, jenes Gesetz, das, ohne Mitwirkung der Colonien vom Parlament erlassen, deren Bevölkerung mit einer unbeträchtlichen Steuer belastete. Dieser Eingriff der Reichsgewalt in die inneren Angelegenheiten der überseeischen Gemeinwesen fand drüben heftigen Widerstand und wurde auch in England von der Opposition und vielen liberal denkenden Männern scharf getadelt. Eine Auflage, so demonstrirten sie, könne berechtigter Weise nie und nirgend ohne Zustimmung der Zahlenden selbst oder ihrer Vertreter eingefordert werden. Die Regierung dagegen und mit ihr Lord Temple[79]) stellten sich auf den streng staatsrechtlichen Standpunkt. Sie sahen in der Versammlung von Westminster mit dem König an der Spitze die unbeschränkte höchste Gewalt, die zu jeder legislatorischen Handlung für den ganzen Umfang des britischen Staatsgebiets, also auch für die Colonien, befugt sei, und wünschten dies Prinzip den widerstrebenden Elementen gegenüber, wenn nöthig mit Gewalt, in Geltung erhalten zu sehen.

---
[79]) Shelburne an Pitt, 21. December 1765: „Lord Temple stimmte mit der Minorität nach dem Prinzip strenger Behauptung der Rechte des englischen Parlaments über Amerika." Chath. Corr. III S. 354.

Bei solcher Uebereinstimmung in den wichtigsten politischen Fragen war es erklärlich, wenn in den Brüdern das sicher längst vorhandene Verlangen nach Erneuerung der freundlichen Beziehungen zu Tage trat. Durch Vermittlung eines Freundes, Aug. Herven, wurden Verhandlungen eröffnet. Temple stellte zwei Bedingungen: Einmal sollte Grenville zugestehen, er habe gefehlt, als er Bute seinem Bruder vorgezogen habe und dann sollte er seine ganze Lage und persönlichen Beziehungen ihm auseinandersetzen.[80]) Da der Jüngere auf alles einging, so fand bereits am 22. Mai Zusammenkunft und Versöhnung statt.[81])

In diesem Vorgang lag, soweit er politische Folgen nach sich zog, ein Keim zum Conflict zwischen Pitt und Temple, denn Jener stand gerade jetzt zu Grenville in scharfem Gegensatz. Einmal war der erste Minister am Friedensschluß, wenn auch nicht in maßgebender Stellung, betheiligt gewesen, dann aber hatte seine ganze fernere Politik den beständigen Widerspruch Pitts geweckt, so daß diesem die Einsetzung eines neuen Ministeriums nothwendig erschien, an dem er selbst theilzunehmen sich bereit zeigte. Von Temple dagegen war vorauszusehn, daß er nach stattgehabtem Ausgleich nichts von einer Verdrängung seines Bruders werde wissen wollen,[82]) um so weniger, als man, wie er meinte, bei der geplanten Zusammensetzung nur den beständigen Eingriffen und Intriguen des verhaßten schottischen Günstlings ausgesetzt war. Pitt sah sich daher vor die Alternative gestellt, ob er lieber auf den erwünschten Posten oder auf die alte Verbindung mit seinem Schwager verzichten wollte. Natürlich konnte er als Verwandter über jene Versöhnung kein Mißfallen bezeigen; am 30. Mai fand in seinem Hause zur Feier des Ereignisses ein Familiendiner

---

[80]) Memorandum Herveys für Grenville, 20. Mai 1765. Grenv. Pap. III S. 42.

[81]) Briefwechsel zwischen Temple und Grenville, 22. Mai 1765. Grenv. Pap. III S. 42 f.

[82]) Charles Townshend behauptet zwar in einem Schreiben an Lord Townshend vom 3. Juli 1765, Temple habe die Verhandlung mit dem Hofe nicht seines Bruders wegen abgebrochen (Grenv. Pap. III S. 65 f.), doch ist kaum anzunehmen, daß diese Rücksicht nicht mitgesprochen hätte, wenn auch vielleicht die anderen Gründe den Ausschlag gegeben haben. Er hielt sich von da ab offenkundig zu Grenville und Bedford, welch Letzterer sein Verhalten lobenswerth fand (Bedf. Corr. III S. 299).

statt; um jedoch die Gegensätze nicht heraufzubeschwören, bat er die Betheiligten, sich jeder politischen Discussion zu enthalten.⁸³)

Als nun der König und Pitt sich Ende Juni über die neue Gestaltung der Regierung geeinigt hatten und Temple ebenfalls zum Eintritt aufgefordert wurde, da geschah das zu Erwartende in der That. In einer Audienz am 25. Juni lehnte der Graf wiederum jede Betheiligung ab,⁸⁴) Pitt aber fühlte sich ihm noch so fest verbunden und seiner Unterstützung bei den vorhandenen Gegensätzen so bedürftig, daß er gleichfalls von der Uebernahme der Staatsleitung absah.⁸⁵) Alle Bemühungen der Opposition, Temples Sinn zu ändern,⁸⁶) erwiesen sich als fruchtlos. Eine spätere Flugschrift, die höchst wahrscheinlich aus des Grafen Feder stammte, äußerte die Ansicht, wenn man sich damals zuerst an Pitt statt an Temple gewendet hätte, so würde eine Einigung erzielt worden sein. Das kann sich aber nur auf die erste Verhandlung, die unter Cumberlands Vermittelung stattfand, beziehen, denn in der eben beschriebenen wurde, wie aus den Correspondenzen klar hervorgeht,⁸⁷) Pitt zuerst befragt und dann erst Temple. Hier war es eben einfach Temples Ueberredungskunst, unterstützt durch das Mißtrauen Pitts gegen Bute, die Pitts anfängliches Entgegenkommen noch einmal in Ablehnung umwandelte. Wie schwer es aber dem großen Staatsmann geworden ist, nochmals auf die erhoffte führende Stelle zu verzichten, ersieht man aus einem Brief an Lord Lyttleton, worin er den Vorfall als die schwierigste und schmerzvollste Krisis seines Lebens be-

⁸³) Grenv.'s Diary, 30. Mai 1765. Grenv. Pap. III S. 191.
⁸⁴) Grenville an Bedford, 25. Juni 1765. Bedf. Corr. III S. 298 f.
⁸⁵) Shelburne an Mr. Barré, 2. Juli 1765: „Mr. Pitt verharrt bei seiner Meinung, daß der Grund genügt hätte, um darauf verzuschreiten, wenn Lord Temple hinzugekommen wäre, aber ohne ihn zu seiner Rechten zu haben, war es ihm unmöglich, den Schwierigkeiten zu widerstehen, die ihm von verschiedenen Seiten drohten, und bisher besteht er auf dieser Meinung." Fitzmaurice, L. of Shelb. I S. 331 f. — So auch Ch. Townshend an Lord Townshend, 3. Juli 1765.
⁸⁶) George Onslow (Newcastles Neffe) an Temple, 25. Juni 1765. Grenv. Pap. III S. 63.
⁸⁷) Temple an Grenville, 21. Juni 1765: „Alles ist zwischen dem König und Mr. Pitt ad referendum geblieben, und hat er den Befehl, Sr. Majestät morgen wieder aufzuwarten. Man glaubt, dann werde nach mir geschickt werden." Grenv. Pap. III S. 60.

zeichnet.⁸⁸) Auch Cumberland schreibt an Albemarle, Pitt sei ganz gebrochen, da er aufrichtig und von Herzen gern in des Königs Dienst getreten wäre.⁸⁹)

Doch mit diesem Vorkommniß waren die vergeblichen Annäherungsversuche erschöpft. Die beiderseitige Neigung zur Einigung war so groß, die Verhältnisse drängten so darauf hin, daß die Vollziehung oder vielmehr Erneuerung der Verbindung zwischen Pitt und dem Hofe nicht mehr lange auf sich warten lassen konnte.

⁸⁸) Pitt an Lord Lyttleton, 1. Juli 1765. Chath. Corr. III S. 315.
⁸⁹) Cumberland an Albemarle, 26. Juni 1765. Albemarle, Mem. of Rock. I S. 213 f.

VI.

Wiedererhebung William Pitts.

Der König befand sich nach Ablehnung seiner Anträge von Seiten Pitts in einer außerordentlich unangenehmen Lage. Eine fernere Beibehaltung der bisherigen Minister schien unmöglich,[1]) denn die Erfahrungen, die er im vorhergehenden Monat mit ihnen gemacht hatte, mußten ihn Bedingungen erwarten lassen, die sich mit der Würde der Krone nicht vereinigen ließen. Ueberhaupt fühlte er sich von Grenvilles und Bedfords ganzem Auftreten, ihren beständigen Vorwürfen und Ermahnungen,[2]) ihrem feindseligen Verhalten gegen seinen treuesten Anhänger und dessen Freunde dermaßen abgestoßen, daß er sie nicht mehr um sich sehen konnte, ohne in eine für seine geistige Gesundheit höchst gefährliche Aufregung zu gerathen. So blieb ihm schlechterdings nichts übrig, als nochmals auf diejenige Gruppe von Staatsmännern zurückzugreifen, gegen deren Erhebung er sich stets am heftigsten gesträubt hatte, auf die alte Oligarchenpartei, selbst unter Verzicht auf eine Betheiligung Pitts.[3])

Bedford zwar wollte die Hoffnung, Herr der Situation zu bleiben, noch nicht aufgeben. Wenn es Temple, so calculirte er, gelungen war, Pitt von der Verbindung mit Bute und der Krone zurückzuhalten, so war es bei dem jetzigen guten Verhältniß der Grenvilleschen Brüder nicht ausgeschlossen, ihn und seinen Schwager

---

[1]) Chesterfield an seinen Sohn, 2. Juli 1765: „... the King and Lord Bute will sooner take in the Devil than reestablish his old servants in the management of his affairs." Lett. of Chesterf. III S. 1321.
[2]) Macaulay, Essays S. 770 f.
[3]) Vgl. Fitzmaurice, L. of Shelb. 1 S. 332.

zugleich in das ministerielle Lager herüberzuziehen. Alsdann würde sich das bestehende Cabinet, derartig verstärkt, im Gegensatz zu Lord Bute aufrechterhalten lassen.⁴) Bedford selbst war bereit, für diesen Fall sein Amt an Pitt abzutreten, wenn nur dafür seine Freunde und Verwandten in ihren Stellungen verbleiben könnten, denn er wußte wohl, daß Jener ihn, den Vollender des Friedens, niemals neben sich dulden würde. Dieser Plan wurde lange Zeit festgehalten, zeigte sich aber schließlich als unrealisirbar, da Pitt entschlossen war, ein Portefeuille nur in vollem Einverständniß mit der Krone zu übernehmen.

So kam das erste Rockingham=Ministerium zu Stande. In einer Parteiversammlung am 30. Juni wurde die Zusammensetzung festgestellt,⁵) am 10. Juli fand der Wechsel statt.⁶) Rockingham wurde erster Lord des Schatzes, der Herzog von Grafton und General Conway Staatssecretaire, Newcastle Geheimsiegelbewahrer.

Zu Lord Bute stellte sich die neue Regierung insofern gleich auf gespannten Fuß, als sie von einer Wiederanstellung Mackenzies abzusehen und einige Freunde des Günstlings ihrer Aemter zu ent=setzen beschloß.⁶) Man wollte nicht die Meinung aufkommen lassen, als wenn der schottische Graf irgendwelchen Einfluß auf die Staats=leitung ausübe. Gerade dies Verhalten aber minderte der herrschen=den Partei die Aussicht auf längeres Verbleiben im Amte.⁷) Jeder Einsichtige war davon überzeugt, daß ein Wechsel eintreten müsse,

---

⁴) Bedford an Grenville, 26. Juni 1765: „Das feste Bündniß und hochgradige gegenseitige Vertrauen, — die Verbindung mit Ihrem Bruder und Mr. Pitt, soweit als unsere Ansichten über Regierung und Maß=regeln zur Uebereinstimmung gebracht werden können, scheint mir das einzige Mittel zu sein, um König und Volk aus dem Labyrinth von Schande und Unordnung herauszuwickeln, in welche die Bosheit und Thorheit Lord Butes sie gestürzt hat . . . eine völlige Ausschließung Lord Butes von des Königs Rath und Gegenwart für immer scheint erforderlich . . . ." Bedf. Corr. III S. 299 ff. — Aehnlich Sandwich an Bedford, 26. August 1765. Bedf. Corr. III S. 316.

⁵) Sitzungsprotokoll vom 30. Juni 1765. Albemarle, Mem. of Rock. I S. 218 f.

⁶) Bedf. Corr. III S. 306 ff.

⁷) Chesterf. an seinen Sohn. 2. Juli 1765: „Weder der König noch Lord Bute werden dem jetzigen Ministerium je den Schlag vergessen, den es Lord Bute verabfolgt hat." Lett. of Chesterf. III S. 1321.

sobald der König mit einer anderen Gruppe handelseinig würde.⁸) Was Pitt betrifft, so suchten sich die neuen Machthaber mit ihm möglichst gut zu stellen und namentlich den Schein zu erwecken, als wenn ihre Erhebung von ihm gebilligt und gefördert worden sei, eine Behauptung, die von Pitt Grafton gegenüber scharf zurück= gewiesen wurde.⁹) Pitt wollte nicht als ihr Verbündeter gelten. Im Uebrigen richteten sich die Minister häuslich ein und Newcastle begann nach alter Gewohnheit damit, alle einflußreichen und gut dotirten Stellen mit seinen Anhängern zu besetzen,¹⁰) eine Handlungs= weise, die er und die Seinen einst an ihren Gegnern aufs Schärfste verurtheilt hatten. Das neue Regiment dokumentirte sich damit gleich als Parteiherrschaft und beförderte so die unausbleibliche An= näherung zwischen dem König und Pitt, denn in der Verurtheilung eines solchen Systems stimmten ihre Ansichten überein.

Die wichtigste Maßregel der neuen Verwaltung war die Wieder= aufhebung der Stempelakte. Im Parlament hielten sich die Anhänger und Gegner der bezüglichen Bill derart die Waage, daß die ministerielle Partei den Ausschlag zu geben in der Lage schien. Ebenso wie Grenville einst zur Einführung jener Auflage die erforderliche Majorität erlangt hatte, so konnte Rockingham, dem jetzt die von der Regierung ab= hängigen Stimmen zu Gebote standen, ihre Abschaffung durchzusetzen hoffen. Nur standen jetzt die Aussichten insofern ungünstiger, als der Monarch persönlich die Akte billigte und seine speziellen Anhänger namentlich Lord Bute, sich, wie man vermuthete, ihrer Aufhebung widersetzen wollten.

Da nun die Fortexistenz des Ministeriums zweifellos von dem Gelingen dieses Unternehmens abhing,¹¹) so kann Rockingham auf

---

⁸) Chesterf. an seinen Sohn, 15. Juli 1765: „Aber steht Lord Bute in geringerer Gunst? Nicht im entferntesten. Er hat nur ihren offenkundigen Einfluß ausgesetzt on attendant mieux." Lett. of Chesterf. III S. 1322.

⁹) Pitt an Grafton, 24. August 1765: „Ich habe beständig behauptet, daß dies Ministerium nicht auf meinen Rath gebildet ist, sondern auf den Rath Anderer; daß . . . . Claremont (Newcastles Landsitz) für mich kein Object des Vertrauens oder der Hoffnung auf ein solides System für das Gemeinwohl sein könne." Chath. Corr. III S. 321 f.

¹⁰) Mr. Whately an Grenville, 24. Juli 1765. Grenv. Pap. III S. 74.

¹¹) Newcastle an Rockingham, 31. Januar 1766: „that there then

Mittel, seine Position zu verstärken und sich den Sieg zu sichern.
Hier richtete sich sein Blick, den mehrjährigen Traditionen seiner
Partei gemäß, noch einmal auf Pitt und sah sich demnach dieser
Staatsmann von drei Seiten umworben. Es gelang dem Marquis,
die Zustimmung seines Herrn zum Angebot eines Portefeuilles zu
erlangen,12) wiewohl Georg nach den Erfahrungen des Mai an
einen Erfolg nicht glaubte; der König wünschte aber keine langen
Verhandlungen, die der Autorität der Regierung schaden könnten,
sondern nur eine bestimmte Offerte. Diese erfolgte dann am 18. Januar 1766 durch Rockingham und Grafton,13) doch scheint sich Pitt
auf nichts eingelassen zu haben. Mitte Februar wurde der Versuch
durch Vermittlung eines seiner Freunde, Mr. Nuthall, wiederholt,14)
jetzt aber bekannte Pitt unzweideutig seine wahren Intentionen, die
ihn schon im Mai von einer Verbindung mit der Newcastle=Partei
zurückgehalten hatten. Er wollte, so ließ er verlauten, nur mit dem
König verhandeln,15) was nichts anderes heißen konnte, als daß er,
jedes Fraktionszwanges erledigt, vom Souverän mit der Leitung des
Ganzen beauftragt zu werden wünschte.

Weiter versuchte Rockingham die Chancen der Abstimmung dadurch zu verbessern, daß er den König zu einer bestimmten, ihm
günstigen Willensäußerung veranlaßte. Wenn der Monarch in unzweideutiger Weise seine Zustimmung zu dem Widerruf zu erkennen
gab, dann stand zu erwarten, daß sich seine Anhänger und alle Hofbeamten dem fügen und die Partei des Ministeriums verstärken
würden. Zu einer solchen Kundgebung ließ sich Georg III. nun
allerdings nicht herbei. Er kam seinem ersten Rathgeber nur soweit

---

was an end of this Administration." Albemarle, Mem. of Rock.
I S. 293.

12) Siehe Correspondenz zwischen dem König und Rockingham hierüber
bei Albemarle, Mem. of Rock. I S. 266 f. und 270 f.

13) Grafton an Pitt, 18. Januar 1766. Chath. Corr. III S. 371 f.

14) Aufzeichnungen Nuthalls über Conferenz mit Rockingham. Chath.
Corr. II S. 397.

15) Botschaft Pitts an Rockingham (durch Nuthall), den 27. Februar
1766: Pitt würde gern mit Rockingham, Grafton und Conway verhandeln,
„wenn nicht Achtung und Pflichttreue gegen den König ihm unabweisbar
verböten, ohne Sr. Majestät ausdrückliche Befehle dies zu thun." Chath.
Corr. II S. 398 f.

entgegen, daß er ihn zu der Erklärung ermächtigte: im Fall es sich darum handle, entweder die Acte zu verschärfen oder sie aufzuheben, so gebe der König der Aufhebung den Vorzug.[16]) Am 7. November war nämlich von der Opposition ein Antrag auf Verschärfung gestellt und gegen die Stimmen der Tories, Schotten und vieler königlichen Hausbeamten abgelehnt worden.[17])

Für die Wiederherstellung der Beziehungen zwischen Pitt und dem Hofe sollte der weitere Verlauf dieser Stempelaffaire entscheidende Bedeutung erlangen.

Die Verhandlungen des Jahres 1765 waren vornehmlich an zwei Dingen gescheitert, an der festen Verbindung Pitts mit Lord Temple und an seinem Mißtrauen gegen Butesche Herrschaftsgelüste. Jetzt war für Beseitigung des ersten Hindernisses gegründete Aussicht vorhanden. Des Grafen neue Freundschaft und politische Harmonie mit George Grenville, vornehmlich aber seine Befürwortung harter Maßregeln gegen Amerika, die Pitt aufs Schärfste verurtheilte, hatten denn doch eine Erkaltung zwischen den beiden Schwägern herbeigeführt, aus der sich leicht eine Trennung ihrer Wege ergeben konnte. Zwar suchte Temple die alte Freundschaft trotz der politischen Differenzen aufrecht zu erhalten. Er vermied, seinen Verwandten persönlich zu bekämpfen,[18]) und leugnete Fremden gegenüber das Vorhandensein von Meinungsverschiedenheiten durchaus,[19]) Einsichtigeren indessen konnten sie nicht verborgen bleiben.[20]) Der Graf war bereits zu sehr in das Fahrwasser des früheren Ministeriums hineingerathen, wie sich überhaupt seine intrigante Natur in der Opposition am wohlsten zu fühlen schien.

---

[16]) Albemarle, Mem. of Rock. I S. 301f.
[17]) Albemarle, Mem. of Rock. I S. 250.
[18]) Shelburne an Pitt, 21. December 1765. Chath. Corr. II S. 354.
[19]) Brief an Rockingham, 21. December 1765. Albemarle, Mem. of Rock. I S. 260.
[20]) Rockingham an den König, 15. Januar 1766: „Seine (Pitts) persönlichen Streitigkeiten mit Mr. G. Grenville, und das Verhalten Lord Temples im House of Lords . . . . hat jetzt sehr Viele zu dem Glauben gebracht, daß Mr. Pitt von G. Grenville und Lord Temple mehr geschieden ist, als wie man noch vor einigen Tagen hoffen konnte." Albemarle, Mem. of Rock. I S. 270f. — Wilkes an Cotes, 4. December 1765 und 15. Februar 1766. Grenv. Pap. III S. 229 und 227.

Jetzt kam es für Bute darauf an, das zweite Hemmniß aus dem Wege zu räumen und Pitts Vertrauen zu gewinnen. Das aber schien gegenwärtig, bei ihrem Gegensatz in der Stempelfrage, weit schwieriger als früher. Noch in einer am 14. Januar 1766 im Unterhaus gehaltenen Rede erklärte der große Commoner, nachdem er jede nationale Antipathie abgeleugnet hatte, der Günstling ermangle der nöthigen Weisheit und befolge Prinzipien, die mit Freiheit unverträglich seien.[21]) Als er aber nicht lange darauf von einer Conferenz zwischen Bute, Bedford und Grenville hörte, die am Montag, den 10. Februar, stattgefunden und ohne Resultat geendet hatte, da schlug er doch im Parlament einen anderen Ton an. Die früheren Minister hatten den Günstling zu eifriger Mitwirkung an der Aufrechterhaltung der Stempel=Akte veranlassen und womöglich zur Wiedererhebung der Grenville=Fraction mit Einschluß Temples bewegen wollen. Sie hatten dazu eine Zusammenkunft bei Lord Eglintoun improvisirt, von der sich Temple wohlweislich fernhielt:[22]) Bute aber, auf den die Opposition gegen den Widerruf stark rechnete,[23]) hatte sich auf nichts eingelassen und es für sein Princip erklärt, der bestehenden Regierung niemals zu opponiren, sondern bei Meinungsverschiedenheit, die er in dem Punkt der Stempel=Akte nicht ableugnete, in strenger Neutralität zu verharren.[24])

[21]) Anecdotes of Chatham 1 S. 426.
[22]) Anecdotes of Chatham II S. 4 f.
[23]) Albemarle an Rockingham, Februar 1766. Albemarle, Mem. of Rock. 1 S. 298.
[24]) Bericht des preußischen Geschäftsträgers Baudouin vom 14. März 1766: „La précedente Administration (alſo Grenville, Bedford ꝛc.) après avoir inutilement employé le verd et le sec pour maintenir cet Acte (die Stempelacte), crut voir dans sa reconciliation avec le favori un dernier moyen de parvenir à son but. Pour cet effet elle lui deputa le Duc de Bedford et le Comte (sic!) Grenville, qui le conjurèrent de se rejoindre à eux, et d'interposer son credit auprès du Roi en faveur de l'Acte du Timbre, ajoutant que rien ne lui serait plus facile, puisqu'il ne s'agissait pour cela, que de porter le Roi à renouveller l'Administration; à quoi l'on prétend que le Comte Bute doit leur avoir repondu, qu'il était tout prêt à se reconcilier avec eux, qu'il ne leur cachait pas même, que son sentiment par rapport à l'Acte du Timbre était conforme au leur, mais que comme il s'était fait une loy, de ne jamais s'opposer à celui

Pitt äußerte sich dann am Dienstag Abend im Unterhause mit
vielem Humor über diesen mißlungenen Versuch der Grenvilles und
benutzte die Gelegenheit, dem Günstling ein weit größeres Entgegen=
kommen zu documentiren, als bisher. Er zeigte, welche Mäßigung
er bei den Augustverhandlungen von 1763 bewiesen habe, mied, Lord
Temples Ablehnung zu berühren, hob sein wohlwollendes Verhalten
gegen Butes Freunde hervor und leugnete jede Animosität gegen die
Person des Günstlings. Ein ähnliches Verhalten bemerkte man bei
George Grenville, der noch nicht alle Hoffnung aufgegeben hatte.
Jeder von Beiden schien zu bekunden, daß er, im Fall Bute ihm die
Staatsleitung übertragen und sich selbst mit mäßigem Einfluß be=
gnügen wollte, seine Freundschaft mit Freuden annehmen werde.[25]

Hiermit war die erste Annäherung vollzogen, der Günstling
aber zeigte sich entschlossen, sein langerstrebtes Ziel jetzt energisch zu
verfolgen und der Wiedergewinnung Pitts sogar die Stempel=Akte zu
opfern. Er wollte ihm die Ueberzeugung einflößen, daß ihm als
Minister auch in solch wichtigen Fragen die volle Leitung zufalle,
daß Niemand seine Pläne durchkreuzen werde. Es wäre Bute gewiß

de la Cour, il croyait ne pouvoir mieux faire dans cette occasion,
que de s'en tenir à une exacte neutralité, et c'est là aussi ce qu'il a
fait, n'ayant pas même paru au Parlement, depuis qu'il y est question
du Bil tendant à revoquer l'Acto." Berl. Arch. — Die Anecdotes of
Chatham erzählen zwar umgekehrt, Bute sei es gewesen, der das frühere
Ministerium heranzuziehen gesucht und erst auf Lord Hollands (Henry Fox)
Rath die schon eingeleitete Unterhandlung abgebrochen habe, doch scheint mir
diese Angabe dem gleichzeitigen, unparteiischen Bericht Bauteuins gegenüber
zu mangelhaft fundirt, als daß man ihr Glauben schenken dürfte. Die
Anecdotes enthalten, wie der Verfasser (I S. 1, Brief an Countess Chatham)
selbst angiebt, großentheils Mittheilungen Lord Temples, und namentlich der
hier erzählte Vorgang, bei dem der Graf selbst eine wichtige Rolle spielt,
wird seinen Angaben gemäß dargestellt sein, ihm aber ist eine tendenzlose
Berichterstattung seinem Charakter und seiner politischen Stellung nach kaum
zuzutrauen. Auch die Gegnerschaft zwischen Pitt und Bute, wie sie in diesem
Buche öfters zur Erscheinung tritt, ist aus der Gegnerschaft zwischen Temple
und Bute leicht zu erklären. Es lag dem Grafen daran, seinen Schwager
als einen Feind des Günstlings hingestellt zu sehen. Das weitere Verhalten
Pitts gegen Bute im Jahre 1766 entspricht gleichfalls mehr dem preußischen
Bericht als den Angaben der Anecdotes.
[25] Will. Ger. Hamilton an John Calcraft, 11. Februar 1766. Chath.
Corr. III S. 377. Anm.

nicht schwer gewesen, durch lebhafte Agitation und Verwerthung des geheimen königlichen Einflusses die Bill zu Falle zu bringen, statt aber die Opposition in der erwarteten Weise zu unterstützen, begab er sich kurz nach dem erzählten Vorfall für drei Wochen aufs Land und überließ die Stempel=Akte ihrem Schicksal. Die Entscheidung fiel dann Ende Februar und Anfang März. Am 7. März wurde die Bill vom Unterhaus in dritter Lesung mit 250 gegen 122 Stimmen angenommen.[26]) Das Ministerium schien gerettet.

Aber nicht Rockingham hatte den Sieg errungen, sondern Pitt mit Zulassung des Hofes, und diese Potenzen waren es, denen die Zukunft gehörte. Der Zweck von Butes Neutralität war vollkommen erreicht. Kaum war die Bill unter Dach und Fach, so erhob sich der große Commoner im Parlament und hielt zum Staunen der Versammelten und namentlich des preußischen Geschäftsträgers Baudouin, der uns als Ohrenzeuge davon berichtet, — der Gesandte Michell war im Mai 1764 auf Wunsch der englischen Minister abberufen — eine Lobrede auf Lord Bute. Er machte es den vorigen Ministern zum schweren Vorwurf, daß sie den Bruder und die Freunde des Günstlings ihrer Aemter beraubt hätten, wo sie doch nichts Anderes als deren Unbeliebtheit beim Volke als Grund dafür angeben könnten, und wenn er auch aus gleichem Motiv dem Könige nicht zu einer Wiedererhebung Butes rathen wollte, so zeigte er sich doch bereit, jeder sonstigen Begünstigung des Grafen seinen Beifall zu zollen. In einer zweiten Rede ließ er dann seine Neigung erkennen, mit Butes Freunden gemeinschaftliche Sache zu machen, mit dem für seine politische Stellung charakteristischen Beifügen: es seien in England zwei Verwaltungen möglich, die eine bestände aus Personen, die beim Volke beliebt seien, die andere aus solchen, die in der Gunst des Hofes ständen; hieraus ziehe er den Schluß, daß eine Combination aus diesen beiden Arten von Männern die beste Regierung ergeben

---

[26]) Baudouins Berichte. Berl. Arch. Demgegenüber ist die Erzählung des zweiten Lord Hardwicke in seinem „Memorial": die Anhänger Butes und der Prinzessin Wittwe nebst dem halben Hof hätten in der Opposition gestimmt (Albemarle, Mem. of Rock. I S. 250), zu verwerfen. Er hat den Vorgang wahrscheinlich mit der Abstimmung über Verschärfung der Stempelacte verwechselt.

müsse.²⁷) Also nicht Familienverbindungen und parlamentarischer Einfluß, nicht Wahlumtriebe und Corruption erschienen dem großen Staatsmann für ein starkes Ministerium erforderlich, sondern das Vertrauen des Volkes und die Gunst des Königs; nicht Newcastle und Rockingham, nicht Bedford und Grenville galten ihm als die geeignetsten Staatsleiter, sondern der Liebling der Nation und der Günstling des Monarchen, Pitt und Bute, nur mit der Modification, daß aus bestimmten Gründen nicht Bute persönlich, sondern dessen Freunde und Anhänger Staatsämter erhalten sollten.

Friedrich der Große, der seit den Vorgängen von 1762 in Bute immer den erbittertsten Widersacher Pitts gesehen hatte, wußte sich diesen Vorgang durchaus nicht zu erklären und fragte erstaunt bei seinem Geschäftsträger an, ob Pitt nicht seine Rede ironisch gemeint habe: da aber Baudouin das für völlig ausgeschlossen erklärte, so begann er an der politischen Einsicht seines Freundes irre zu werden.²⁸)

²⁷) Baudouins Bericht vom 11. März 1766: „Ce qui fait croire que le Chev. Pitt a envie de rentrer dans les affaires, c'est le soin qu'il prend d'écarter tous les obstacles qui pourraient s'opposer à cette rentrée. C'est dans cette vue à ce qu'on assure, qu'il vient de prononcer un discours au Parlement, qu'on peut appeler le panegyrique de My Lord Bute. Il s'y élève contre la précédente Administration, de manière à lui faire un crime d'avoir osé dépouiller de leurs employs le frère et les amis de ce favori, à qui il ne trouve d'autres défauts, que celui de n'être pas aimé du peuple. Il est vrai pourtant, qu'il s'est servi de cette consideration, pour insinuer, qu'il ne conseillerait pas au Roi de le remettre à la tête du Gouvernement, mais il a adouci cette proposition, en y ajoutant, que bien loin de trouver à redire, que le Roi le comblat de ses faveurs, il était le premier à applaudir à cette conduite de Sa Maj. Dans un second discours, ce Chevalier a même laissé entrevoir qu'il ne serait pas si éloigné de faire cause commune avec les amis de Mylord Bute. Il y distingue deux sortes d'Administration possibles en Angleterre. La première qui ne serait composée que de personnes chéries du peuple, et la seconde, que de personnes qui auraient la Cour pour elles, d'où il tire la conclusion, que la meilleure de toutes les Administrations serait celle, qui réunirait ces deux sortes de personnes." Berl. Arch.
²⁸) Gef.-Depesche vom 8. April 1766: „Je ne suis pas surpris, que V. Maj. ait de la peine à porter un jugement solide sur la conduite du Chev. Pitt, puisqu'il n'y a personne ici qui ne la trouve inex-

Trotz der von beiden Seiten offen bekundeten Bereitwilligkeit, den Bund zu vollziehen, dauerte es doch noch geraume Zeit, bis sich ihre Wünsche realisirten. Zwar begann im Lager Rockinghams sehr bald der Abfall; im April begab sich der Herzog von Grafton, der das eine Staatssecretariat des Aeußeren bekleidete und schon seit Juli 1765 mit dem König und mit Pitt über des Letzteren Erhebung verhandelt hatte, nach Hayes und kehrte mit dem Entschluß zurück, seine Entlassung zu nehmen. Er erklärte im Oberhaus, dem Ministerium mangele die nöthige Autorität, Würde und eine genügend breite Grundlage,²⁹) ein Verhalten, durch das er seinen Rücktritt unvermeidlich machte. Dieser erfolgte am 14. Mai ohne Bedauern des Königs,³⁰) dem jede Schwächung des verhaßten Cabinets willkommen war. Es scheint indessen, als ob noch ein Hinderniß zu überwinden gewesen sei, dessen Besiegung Butes ganze Kraft und ganzen Einfluß erforderte, das Mißtrauen Georgs III. gegen Pitt.³¹) Der neue preußische Gesandte, Graf Maltzan, fürchtet noch im Juni, die Affaire werde an der persönlichen Antipathie des Königs scheitern,³²) er weiß aber gleichzeitig zu berichten, daß Lord Bute sich regelmäßig Sonnabends nach Kew begebe, um mit dem

plicable. Sans vouloir donc justifier aucune des explications qu'on y a faite du discours que ce Chevalier a tenu en faveur du Lord Bute, j'aurai simplement l'honneur de Lui dire, que ce discours est réel, que je l'ai entendu prononcer, que l'éloge de Bute en a été le sujet, et qu'il n'a paru à personne, que l'ironie y entrat pour quelque chose. . . ." Berl. Arch.

²⁹) Albemarle, Mem. of Rock. I S. 329. — Chath. Corr. II S. 422 (Brief Chesterfields).

³⁰) Graf Hardwicke (bisher Lord Royston) an Ch. Yorke, 17. Mai 1766. Albemarle, Mem. of Rock. I S. 331.

³¹) Der König an Rockingham, 9. Juni 1766. Albemarle, Mem. of Rock. I S. 266. — Whately an Grenville, 25. Juni 1766: Der König antwortete dem Kanzler, der ihm zu Pitts Erhebung rieth: „I do not mean to be a slave." Grenv. Pap. III S. 252.

³²) Maltzans Depesche vom 24. Juni 1766: „qu'à l'heure qu'il est, il y fort peu, pour ne pas dire point d'apparence, que ce Ministre (Pitt) reprenne si tôt le timon des affaires. La haine personelle que le Roi lui porte, joint à la grande répugnance que ce monarque témoigne de souscrire aux conditions, auxquelles le Chev. Pitt attache sa rentrée dans le Ministère, et dont il ne veut pas se départir, semblent y mettre des obstacles invincibles." Berl. Arch.

König und der Prinzessin von Wales zu conferiren.³³) Die eigentlichen Verhandlungen wurden seit Mitte April von dem Kanzler Lord Northington für die Krone, von Lord Cambon und dem Herzog von Grafton für Pitt geführt und gelangten endlich im Juni zum Ziele. Damit war der Sturz des Partei-Regiments besiegelt. Alle ergaben sich in ihr Schicksal, nur Newcastle suchte sich, seiner Gewohnheit gemäß, mit allen Mitteln im Amte zu halten. Er soll sogar die Prinzessin von Wales um Hülfe angegangen haben,³⁴) selbststrebend ohne Erfolg, da er gerade von dieser Seite am wenigsten Sympathie zu erwarten hatte. Den amtlichen Grund zum Rücktritt gab eine canadische Frage ab, über die im Cabinet keine Einigung zu erzielen war. Jetzt, nach Vollendung seiner Aufgabe, begab sich Bute mit seiner ganzen Familie aufs Land in die Nähe von London,³⁵) doch soll er, wie Maltzan später als sicher bezeugt angiebt, in der Nacht wieder nach der Stadt zurückgekehrt und dort geblieben sein, bis der Ministerwechsel vollzogen war.³⁶) Wie es sich in Wahrheit damit verhält, ist schließlich gleichgültig, da eine intensive Mitwirkung des Günstlings an dem ganzen Vorgang auch ohnedem nicht bezweifelt werden kann.

Am 7. Juli 1766 trat das langerwartete Ereigniß ein, an das sich die Hoffnungen aller Patrioten knüpften. Pitt erhielt durch den Kanzler ein Handschreiben Georgs III.,³⁷) worin dieser seinen Rath für Bildung eines neuen Ministeriums erbittet und die bemerkenswerthen Worte beifügt: „Ich kann nicht schließen, ohne es auszusprechen, wie völlig meine Gedanken hinsichtlich der Basis, auf der die neue Verwaltung errichtet werden soll, mit der Meinung übereinstimmen, die Sie darüber im Parlament einige Tage vor Ihrer Abreise nach Somersetshire zu erkennen gegeben haben." Es kann

---
³³) Maltzans Depesche vom 27. Juni 1766: „. . . les entrevues du Roi et de la Princesse de Galles avec le Lord Bute vont grand train, et se tiennent régulièrement tous les Samedis à Kew, ce qui prouve assez, que le favori a encore beaucoup de part à la gestion des affaires." — Chesterf. an seinen Sohn, 11. Juli 1766. Lett. of Chesterf. III S. 1341.
³⁴) Hamilton an Temple, 1. Juli 1766. Grenv. Pap. III S. 257.
³⁵) Maltzans Bericht vom 16. Juli 1766. Berl. Arch.
³⁶) Maltzans Bericht vom 5. August 1766. Berl. Arch.
³⁷) Chath. Corr. II S. 438.

keinem Zweifel unterliegen, daß sich diese Worte auf jene Rede vom 10. oder 11. März beziehen, die wir vorhin (S. 104 f.) erwähnt haben, denn kurz darauf reiste Pitt wirklich ab. Zwar finden wir ihn noch am 13. April in Hayes (Kent), aber bereits am 5. Mai war er in Bath (Somersetshire) und im Juni auf seiner neu erworbenen Besitzung Burton Pynsent in derselben Grafschaft, so daß der König wohl, wenn auch nicht ganz correct, von einer Abreise nach Somersetshire sprechen konnte.³⁸) Die Hauptsache ist aber, daß Pitt in jener Rede in der That solche Ideen entwickelt hat, wie sie Georg hier erwähnt, und diesen Ideen erklärte der König die seinigen conform.

Jetzt steht uns der Gang der Dinge klar vor Augen. Bute hatte zuerst durch die Abweisung einer Verbindung mit Bedford und Grenville die Basis einer Alliance geschaffen, Pitt aber war ihm am 11. Februar mit wohlwollenden Bemerkungen im Parlament entgegengekommen. Weiter hatte sich der Günstling durch strenge Neutralität in der Stempelangelegenheit das Vertrauen seines einstigen Collegen zurückerobert, so daß dieser nun am 10. März den unverhüllten Wunsch zu erkennen gab, im Bunde mit Bute die Staatsleitung zu übernehmen. Dabei hob Pitt gerade das Moment hervor, worin er sich mit dem König einig wußte, seine Ansicht über die Basirung eines Ministeriums, und diese Aeußerung war es, die Georg III. schließlich bewog, sein Mißtrauen fahren zu lassen und, dem Wunsche Butes nachgebend, die Siegel dem einstigen Verbündeten anzubieten. Der Aufforderung seines Monarchen antwortete Pitt mit einem Briefe voll überschwänglichen Dankes.³⁹)

Aber es gab noch einen heiklen Punkt zu überwinden, an dem schon einmal das ganze Werk gescheitert war. Lord Temple sollte, wie im vorigen Jahre, das Schatzamt erhalten und erhob sich nun die Frage, ob er es diesmal annehmen und, wenn nicht, wie sich Pitt dem gegenüber benehmen werde. Der Graf erschien einem königlichen Befehl gemäß am 13. Juli zur Audienz und erhielt bei dieser Gelegenheit das Angebot des Schatzamts, sowie einer beschränkten Mitwirkung bei Formirung des Cabinets;⁴⁰) da er indessen den Aus-

---

³⁸) Vgl. die Briefdatirungen in Chath. Corr. II.
³⁹) 8 Juli 1766. Chath. Corr. II S. 438.
⁴⁰) Der Kanzler an Temple, 13. Juli 1766. Grenv. Pap. III S. 363. — Der König an Pitt, 15. Juli 1766. Chath. Corr. II S. 443 f.

schluß aller bisherigen Minister verlangte, so war eine Einigung
nicht zu erzielen. Dennoch hat er, die entscheidende Unterredung mit
Pitt solange aufzuschieben, bis er selbst eingehend mit ihm gesprochen
hätte.⁴¹) Da der König dies zugestand, so meldete sich Temple zum
16. Juli bei seinem Schwager für den ganzen Tag an, um nochmals
eine Lösung der vorhandenen Schwierigkeiten zu versuchen.⁴²) Alle
Bemühungen blieben indessen fruchtlos.

Der Graf hatte vornehmlich zwei Gründe zur Ablehnung.
Einestheils widerstand es ihm, mit Männern zusammenzuwirken,
die durch Widerruf der Stempelacte die Rechte und die Ehre der
englischen Legislatur und des englischen Königreichs aufgeopfert
hätten.⁴³) Er war also mit vielen Theilhabern des Pitt'schen Ministeriums unzufrieden. Sein hauptsächlichstes Bedenken aber, welches
wohl den Ausschlag gegeben hat, lag in der Voraussicht, daß Pitt
eine volle Superiorität über die anderen Minister und auch über ihn
als ersten Lord des Schatzes beanspruchen und zugestanden erhalten
würde. Es wäre ihm unmöglich geworden, seine eigenen Ansichten
dem Schwager gegenüber zur Geltung zu bringen. Dieser Gedanke
kehrt in seinen Briefen immer wieder,⁴⁴) er ließ ihm ein Zusammengehen mit Pitt unrathsam erscheinen, während er seine Abneigung
gegen Bute und dessen Freunde diesmal hervorzukehren vermied.⁴⁵)
Für den großen Commoner dagegen lag jetzt kein Grund mehr vor,
sich durch Temple den Weg zu lang ersehntem Ziele verlegen zu lassen.
Wenn er auch mit dem Günstling in den Ansichten über amerikanische
Politik nicht harmonirte, so hatte er doch die Gewißheit erlangt, von

---

⁴¹) Der König an Pitt, 15. Juli 1766. Chath. Corr. II S. 443 f.

⁴²) Temple an Pitt, 15. Juli 1766. Chath. Corr. II S. 446.

⁴³) Temple an Grenville, 18. Juli 1766: „Die beabsichtigte Basis der
neuen Verwaltung wird der Rumpf der letzten sein, verstärkt durch die besonderen Freunde Mr. Pitts, das Ganze bestehend aus den erlesensten
Geistern, die sich in der verflossenen Session bei der Opferung der Rechte
und der Ehre der ganzen Legislatur und des Königreichs von Großbritannien
ganz besonders hervorgethan haben." Grenv. Pap. III S. 267.

⁴⁴) Temple an Grenville, 18. Juli 1766. Grenv. Pap. III S. 267. -
Temple an Lord Gower, 19. Juli 1766: „if a lead of superiority
was claimed, it was rejected, on my part, with an assertion of my
pretensions to an equality." Grenv. Pap. III S. 272. — Temple an
Lady Chatham, 27. Juli 1766. Chath. Corr. II S. 468 f.

⁴⁵) Grenville an Whately, 20. Juli 1766. Grenv. Pap. III S. 275.

ihm in seinen Maßregeln nicht gehindert zu werden, eine persönliche Antipathie aber, wie sein Schwager, kannte er nicht. Den Oligarchen stand er, abgesehen von einzelnen Persönlichkeiten, freundlich gegen= über, nur war ihm ihr Auftreten und ihre Herrschaft als Partei zuwider. Da er sich nun in der Tagesfrage mit ihnen in voller Uebereinstimmung befand, so mußte ihm die Verwendung einzelner Elemente aus dieser Gruppe durchaus nöthig erscheinen, selbst auf die Gefahr hin, die Hülfe seines Freundes einzubüßen. Das Band aber, welches ihn mit Temple verknüpfte, war jetzt nicht mehr so fest, daß ihm eine politische Trennung undenkbar gewesen wäre. Zwar mit schwerem Herzen, doch ohne Zögern schritt er auf dem einge= schlagenen Wege fort, den ihm das emsige und man kann wohl sagen uneigennützige Wirken Lord Butes eröffnet hatte.

Große Verwunderung, Enttäuschung, ja Entrüstung hat es nun in weiten Kreisen hervorgerufen, daß der große Commoner, von dem man eine volle Durchführung whiggistischer Principien, eine Reaction gegen die unerhörte Steigerung des königlichen Einflusses erwartet hatte, bei Gelegenheit seines Amtsantrittes eine Gnadenbezeugung aus der Hand des Monarchen annahm, die ihn der Mitgliedschaft des Unterhauses beraubte und ihn sonach dem Boden entriß, in dem seine Macht bisher gewurzelt hatte. Er ließ sich zum Earl of Chatham mit Sitz und Stimme im House of Lords erheben. Dieser Schritt schien unbegreiflich. „Sich in der Fülle der Macht und bei höchster Befriedigung des Ehrgeizes", schreibt Chesterfield, „vom House of Commons zurückzuziehen (welches ihm seine Macht verschaffte und allein zu sichern im Stande war) und in jenes Hospital für Unheil= bare, das House of Lords, sich zu begeben, ist eine so unerklärliche Maßregel, daß man es nur auf positiven Beweis hin zu glauben vermag; aber wahr ist es." Man scherzte, er sei die Treppe hinauf= gefallen und habe sich dabei so verletzt, daß er nie wieder werde auf den Beinen stehen können,[46]) und Graf Malzan wußte nicht genug zu erzählen von den Aeußerungen des Unwillens, namentlich in der City, und von der Fülle von Pamphleten, die sich über den neuen Peer ergoß.[47]). Seine Popularität schien dahin. Auch noch heute

---

[46]) Chesterfield an seinen Sohn, 1. August 1766. Lett. of Chesterf. III Z. 1342.

[47]) Depeschen vom 1., 5., 8. August 1766. Berl. Arch.

wird seine Annahme der Grafenwürde allgemein nicht allein als ein schwerer, unbegreiflicher Fehler, sondern als eine Maßnahme betrachtet, durch die der berühmte Staatsmann mit sich selbst in Widerspruch getreten sei.[48]) Der große Commoner, so urtheilen auch die neueren Autoren, hätte nimmermehr ein Lord werden dürfen.

Natürlich suchte man nach Gründen, die Pitt zu solcher Haltung bestimmt haben könnten. Seine eigene Angabe, Gesundheitsrücksichten zwängen ihn, den aufregenden Debatten des Unterhauses aus dem Wege zu gehen, fand wenig Glauben oder genügte wenigstens nicht zur Motivirung, man neigte vielmehr zu der Ansicht, die schon 1761 nach der Pensionsverleihung aufgetaucht war: Bute habe den unbesonnenen Ehrgeiz Pitts ausgenutzt, um ihn seiner Popularität zu berauben.[49]) Diese Erklärung scheint mir, wie damals, ganz unhaltbar, da sie nicht allein mit Pitts Character, sondern auch mit Butes Bestrebungen, wie sie sich aus unserer Untersuchung ergeben haben, durchaus im Widerspruch steht. Die Volksbeliebtheit des großen Commoners war es ja gerade, die ihn dem Hofe so willkommen machte, auf die er seine Macht zu fundiren wünschte. Eine andere Vermuthung, die Maltzan erwähnt, ist weit vernünftiger. Man meinte, Pitt habe das Odium der nothwendigen neuen Auflagen vermeiden, ihre Vertheidigung auf die anderen Minister abwälzen wollen. Aber auch diese Begründung befriedigt nicht, da die Verantwortung doch schließlich dem Leiter des Ganzen zufallen mußte.

Ich meine, der Schritt bedarf tieferer Begründung. Eine Dupirung, eine Unbesonnenheit, ein durch ungesunden Ehrgeiz veranlaßter Fehler ist bei der überlegten Handlungsweise, die wir an dem großen Manne zu sehen gewohnt sind, vollständig ausgeschlossen. Was er that, das war wohlbedacht, es kommt nur darauf an, seine

---
[48]) M. Vreich VIII S. 403 bezeichnet den Vorgang als unerklärbar, Pitt habe sich mit seiner Vergangenheit in Widerspruch gesetzt und einen Schatten auf seine glänzende Laufbahn geworfen. Aehnlich Fitzmaurice, L. of Shelb. I S. 411 und Andere.

[49]) Maltzans Deresche vom 5. August 1766: „Ce qui doit le plus mortifier le Chev. Pitt, ce sont les Compliments que les Papiers publics font au Comte Bute, sur la manière adroite et rusée dont il avait sçeu désarmer son redoutable adversaire." — (Chesterfield an seinen Sohn, 1. August 1766.

Ziele richtig zu erkennen und ihm nicht Bestrebungen unterzuschieben, die ihm völlig fern lagen.

Pitt war der große Commoner gewesen, so lange er im Bunde mit den Oligarchen stand und deren im Parlament ruhende, aber nicht genügend fundirte Gewalt durch seine oratorische Fähigkeit stützen und sichern mußte, er war vor allem der große Commoner gewesen, so lange er, seines Ministeramtes entledigt, als Volksvertreter die Maßnahmen der Regierung beurtheilt und vielfach bekämpft hatte. Jetzt stand er selbst an der Spitze des Staates als Haupt eines völlig willfährigen[50]) Kabinets, jetzt trat er dem Parlament als unabhängige Gewalt, als Organ der Krone gegenüber: er sollte nicht mehr kritisiren, loben oder tadeln, billigen oder ablehnen, sondern schaffen, handeln, regieren. Damit war seine Rolle als Volksvertreter vorerst ausgespielt; was jetzt noch im Unterhaus zu thun war, die Rechtfertigung der zu vollziehenden Actionen, die Vertheidigung von Gesetzvorschlägen, das konnte nicht mehr den Hauptinhalt seiner Thätigkeit bilden, sondern nur einen Theil davon ausmachen: dieses Theils aber mußte er sich, um der Leitung des Ganzen fähig zu bleiben, ebenso zu entledigen suchen, wie der Verwaltung anderer Ressorts. Wenn ihm also die Kräfte seiner Untergebenen zur Uebernahme jener Angelegenheiten ausreichend erschienen, so waren jetzt triftigere Gründe vorhanden, den Unterhaussitz preiszugeben, als ihn noch fernerhin beizubehalten. Man konnte aber mit Recht annehmen, daß sich das Verhältniß der Regierung zum Parlament in der Folge weit einfacher und harmonischer gestalten werde, als so häufig in der vorangehenden Epoche, denn jetzt standen Krone und Ministerium nicht mehr in Spannung einander gegenüber, sondern in festem Bunde, jetzt war die Macht der Adelsfractionen durch Zersplitterung auf ein fast ungefährliches Maß herabgemindert, jetzt stand der leitende Staatsmann im Begriff, Wege einzuschlagen, für die er den Beifall der Nation erhoffte. Unter diesen Umständen konnte er die Leitung des Unterhauses mit ruhigem Gewissen jüngeren Kräften überlassen und sich selbst ausschließlich seiner centralen Thätigkeit hingeben. Man darf aber deshalb nicht meinen, Pitt habe einen

---

[50]) Grafton, jetzt erster Lord des Schatzes, hatte sich im Oberhaus bereit erklärt, unter Pitt nicht allein als general officer, sondern als Pionier mit Spaten und Hacke zu dienen. Chath. Corr. II S. 422.

Sitz im House of Commons für unvereinbar mit dieser Thätigkeit gehalten, er würde sich jetzt wie früher in die politische Doppelstellung zu schicken gewußt haben, allein aus den angeführten Gründen mußte ihm ihre Preisgabe, wenn nicht nothwendig, so doch rathsam und zulässig erscheinen.

Freilich traten noch andere Motive, Rücksicht auf sein Gichtleiden und auf den Wunsch des Monarchen hinzu, aber diese waren nicht ausschlaggebend. Wenn der Schwerpunkt seiner Thätigkeit, wie die an Parteiregierung gewöhnten Zeitgenossen meinten, noch weiter im House of Commons geruht hätte, dann würde Pitt weder seiner Gesundheit noch dem König zu Liebe die Peerschaft acceptirt haben; da er indessen die Vertretung seiner Maßnahmen im Unterhause als eine unnütze Last empfand, die auch Andere zu tragen fähig waren, so gönnte er seinem geschwächten Körper die vornehme Ruhe des Oberhauses, so erfreute er den Monarchen durch dankbaren Empfang seiner Gnadenerweisung. Ueberdem mag ihm die Grafenkrone als würdiges Symbol seiner eminenten Stellung im Staate erschienen sein, durch dessen Annahme er am klarsten seine engen Beziehungen zum König documentiren konnte.

Daß sein Verhalten ihn anfänglich im Urtheil der Nation und seiner Freunde herabsetzte, seine Popularität verminderte und viele geplante Ovationen in Wegfall kommen ließ, konnte ihn nicht im geringsten tangiren. Ihm war vorerst die Gunst des Königs weit wichtiger als die der uneingeweihten und daher kurzsichtigen Menge, denn der Herrscher allein bot ihm die Möglichkeit, Ziele zu verfolgen, deren Erreichung dem Lande großen Nutzen schaffen und ihm die verlorene Beliebtheit unzweifelhaft und in erhöhtem Maße wiederbringen mußte. Er war nicht der Mann dazu, sich von vorübergehenden Volkslaunen an wohldurchdachten Handlungen hindern zu lassen, das hatte er 1761 nach seinem Rücktritt bewiesen, das zeigte er jetzt von Neuem. Und der Erfolg gab ihm Recht. Wenn man die preußischen Berichte verfolgt, so erkennt man, wie bald sich die Stimmung änderte, wie schnell er den Platz im Herzen des Volkes zurückgewann, von dem ihn seine scheinbare Ehrsucht und Servilität verdrängt hatte.

Ein zweiter Stein des Anstoßes war die eigenthümliche Wahl, die Pitt für sich selbst bei Vertheilung der Aemter traf. Er übernahm nicht, wie man von einem mit der Cabinetsbildung betrauten Staatsmann zu erwarten pflegte, das verantwortungsvolle Schatz=amt, sondern das ziemlich bedeutungslose Geheimsiegel, während er jenes dem jungen Herzog von Grafton überließ. Aber gerade dies entsprach seinen Zwecken, denn da sein Ministerium nicht wie die früheren einen collegialen Charakter tragen, aus gleichberechtigten, innerhalb der Ressorts selbständigen Elementen bestehen, sondern viel=mehr einen centralisirten Organismus bilden sollte, dessen ganze Thätigkeit er als Haupt zu reguliren beabsichtigte, so war es nöthig, daß er sich von Detail=Functionen möglichst frei hielt und sich dem=gemäß mit einem Nebenamt begnügte. Wir finden also hier dasselbe Motiv, welches ihn zur Annahme der Peerschaft bestimmte. In früheren Ministerien hatte der Leitende meist durch die Wichtigkeit seines Amtes oder durch eine bedeutsame Stellung im Unterhause das Uebergewicht über seine Collegen erlangt; Pitt bedurfte dessen nicht, er war der vom König erhobene Führer, dem sich seine Amts=genossen zum Gehorsam verpflichtet fühlten. Voll Staunen beschreibt Graf Maltzan die Scene, wie sich im Vorzimmer Georgs III. die Minister um den aus dem Cabinet zurückkehrenden Grafen Chatham versammeln und mit Schreibmaterial in der Hand die Befehle ihres Vor=gesetzten in Empfang nehmen,[50a] ein Vorgang, der dem Berichtenden am englischen Hofe völlig neu erschien.

Jetzt endlich also hatte Bute sein lang erstrebtes Ziel erreicht. Das alte Bündniß zwischen dem Hofe und Pitt war erneuert und gefestigt, der hartnäckige Widerstand des Königs gebrochen. Der Günstling konnte fernerhin unangefochten mit seinem Herrn verkehren, hatte für seine Freunde einzelne Staatsämter erlangt und verfügte unumschränkt über Hof= und Ehrenstellen. Auch der große Commoner hatte das erreicht, worauf sich von Anfang seine Wünsche gerichtet hatten. Ohne Verpflichtung gegen eine Partei, allein als Beauftragter des Monarchen stand er als Haupt eines ihm durchaus ergebenen Ministeriums seiner Wahl an der Spitze des Staates, ohne daß ihm diesmal der König einen Vertreter seines Willens zur Seite gestellt hätte. Und nicht minder zufrieden fühlte sich Georg III. Endlich, nach mehrfachen Mißgriffen und aufregenden Wechselfällen, hatte er ein Ministerium gefunden, das seinen Ansprüchen in der Hauptsache

[50a] Ber. v. 8. Aug. 1766. Berl. Arch.

genügte und lange Dauer versprach, dessen Leiter sich nur auf die
Gunst des Königs und der Nation, nicht auf parlamentarische
Parteiung stützte. Bisher hatte sich Georg im Hinblick auf Pitts
frühere Stellung im Coalitions-Cabinet von 1758, auf seine Freund=
schaft mit Temple, sein Verhalten beim Friedensschluß und sein
wiederholtes Zusammengehen mit Newcastle des Verdachtes nicht zu
erwehren vermocht, der große Staatsmann sei im Grunde ein Gegner
der königlichen Autorität, ein Freund der Oligarchen=Partei und
Begünstiger der Pamphletisten. Erst Pitts Nichtbetheiligung an dem
letzten Parteiministerium und die emsigen Bemühungen Butes und
Graftons hatten ihm die Augen geöffnet, hatten ihn erkennen lassen,
daß gerade dieser Minister nach Gesinnung und Befähigung der
Mann war, der seine Absichten realisiren und ihm gleichzeitig Gunst
und Vertrauen der Nation zurückgewinnen konnte. Schon die ersten
Erlasse an den Grafen Chatham weisen immer wieder auf das hin,
was er von seinem neuen ersten Rathgeber vornehmlich erwartete.
„Ich weiß," heißt es in einem Handschreiben vom 29. Juli 1766,[51])
„der Graf von Chatham wird mir voll Eifer behülflich sein, alle
Parteiunterscheidungen zu zerstören und die Unterordnung unter die
Regierung wiederherzustellen, denn hierdurch allein kann jene un=
schätzbare Wohlthat, die Freiheit, vor einer Ausartung in Zügellosig=
keit bewahrt werden." Aehnlich in einem Briefe vom 2. December
1766,[52]) in welchem er räth, der Bedford=Gruppe nicht zu viel Rück=
sicht zu zeigen: „Ein gegentheiliges Verhalten," mahnt der König,
„würde auf einmal gerade das Ziel umstürzen, welches wir uns bei
Bildung der jetzigen Verwaltung vorgesteckt haben; denn die Aus=
rottung der gegenwärtigen Methode der Parteiverknüpfung kann nur
durchgeführt werden, wenn man ihren ungerechten Forderungen
Widerstand leistet und fähige Männer wählt, mögen ihre persönlichen
Beziehungen sein, welche sie wollen." Auch nach einer Niederlage
der Minister im März 1767 ermuthigte er den Grafen, „dem Uebel,
genannt Connection, zu widerstehen,"[53]) und am 25. Juni 1767 er=
klärt Georg III. dem leitenden Staatsmanne,[54]) er sei fest entschlossen,

[51]) Chath. Corr. III S. 21.
[52]) Chath. Corr. III S. 137.
[53]) Chath. Corr. III S. 227 f.
[54]) Chath. Corr. III S. 276.

lieber den größten Schwierigkeiten entgegenzutreten, als sich der
Parteiung preiszugeben.

Es ist wohl möglich, wenn es auch nicht mit Bestimmtheit
behauptet werden darf, daß eine lange, kraftvolle Regierung Chathams
dem Königthum eine Stellung gegeben hätte, die, abgesehen von den
festgezogenen Schranken gegen Absolutismus und Tyrannei, jener
Position entsprochen hätte, deren es sich vor den Revolutionen er=
freute.⁵⁵) Es ist möglich, daß das parlamentarische Regiment in seiner
Entwickelung gehemmt worden und nicht zu der Durchbildung ge=
langt wäre, wie wir es heute vor uns sehen und wie es neuerdings
in so vielen Staaten Eingang gefunden hat. Vielleicht wäre es
diesem Staatsmann gelungen, den Einfluß der großen Familien im
Unterhause zu Gunsten des King in Council zu brechen und das
Land vor den amerikanischen Wirren zu bewahren, beides Leistungen,
die einem solchen Genius wohl zugemuthet werden konnten. Wenn
er den Staat mit sicherer Hand auf ruhmvolle Bahnen führte,
dann konnte er es wagen, auf Corruption zu verzichten und im
Parlament den wahren Willen des Volkes zum Ausdruck zu bringen,
denn bei der patriotischen und königstreuen Gesinnung der Engländer
ließ sich einer frei gewählten und frei votirenden Reichsversammlung
gegenüber eine wahrhaft heilsame Politik mit kluger Taktik jederzeit
durchführen.

Es ist anders gekommen. Chathams Gesundheit war der=
maßen untergraben, daß ihm in kurzer Zeit die Zügel entglitten.
Wiewohl der König, so lange es irgend anging, treu an ihm fest=
hielt⁵⁶) und ihn trotz monatelanger völliger Unthätigkeit — er konnte
auf des Herrschers schriftliche Erkundigungen nicht einmal selbst ant=
worten⁵⁷) — weiter im Amte beließ, so mußte schließlich doch seine

---

⁵⁵) Sir Andr. Mitchell (Gesandter in Berlin) an Chatham, den
21. August 1766: „Ich wünsche deshalb aufrichtig, Ew. Lordschaft mögen
lange an der Spitze der Geschäfte bleiben, um der Krone Würde und Stärke,
dem Volke Vertrauen wiederzugeben . . .“ Mitch. Pap. II S. 365.

⁵⁶) Maltzans Bericht vom 20. Januar 1767: „. . . il parait que le
Lord Bute et par consequent aussi le Roi, sont resolus de soutenir
les Mesures du Chev. Pitt tant pour le dehors que pour l'intérieur
du Pais. Ce dernier a actuellement pris un tel ascendant sur
l'esprit de son maître, qu'il dispose des graces et des disgraces du
Throne . . . .“ Berl. Arch.

⁵⁷) Maltzans Bericht vom 14. Juli 1767. Berl. Arch.

Abdankung erfolgen. Und wenn man fragt, wer von da ab seine Stelle einnahm als oberster Leiter der englischen Politik, so läßt sich nur antworten: Georg III. Die ersten Minister, Grafton und später Lord North traten zum König in ein ähnliches Verhältniß der Abhängigkeit, wie der erstere zu Pitt gestanden hatte. Wenn ihnen auch nach Chathams Erkrankung und Rücktritt ein weiterer Spielraum blieb, so regierten sie doch den Staat in der Hauptsache nach des Monarchen Directiven.

Jetzt aber trat die Verschiedenheit zwischen Pitts Bestrebungen und denen seines Herrn und Nachfolgers, die Anfangs verborgen geblieben war, klar zu Tage. Chatham hatte dem King in Council eine Stellung neben und über dem Parlament erringen wollen, Georg III. fand es sicherer, durch Corruption im Parlament zu herrschen und so die absolute Gewalt in die Hand zu bekommen. Damit aber gerade erhob er diese Versammlung über das Königthum als solches, machte er sie zum wahren Souverain des Staates. Wenn dann eine Purificirung eintrat, wie sie ja auf die Dauer nicht ausbleiben konnte, so sank das Königthum in fast völlige Nichtigkeit. Georg III. besaß freilich ebensowenig wie seine nächsten Minister die Befähigung, mit einem freien Parlamente zu regieren: die Mißerfolge seiner Politik waren so groß, daß er sogar in der stark corrumpirten Legislatur trotz äußerster Anspannung des königlichen Einflusses für kurze Zeit der Opposition weichen, daß er die verhaßte Whigpartei ans Steuer berufen mußte. Erst einem anderen Pitt gelang es, ihn aus dieser demüthigenden Zwangslage zu befreien.

Was nun Chathams Verhältniß zu Lord Bute betrifft, so blieb dies in der Folge ungetrübt.[58]) Der Günstling hatte sein Ziel erreicht, er begnügte sich fortan mit höfischem Einfluß, höfischer Aemterverleihung[59]) und verwerthete seine Macht nur zur Sicherung und Befestigung des Chatham=Cabinets. Die Erwartung Friedrichs des Großen, die Eintracht zwischen beiden Männern werde nur vor=

---

[58]) Malzans Bericht vom 15. August 1766: „. . . que le Chev. Pitt et le Comte Bute ayant fait leur paix, circonstance dont on ne saurait plus douter, il est à supposer, que ces deux Chefs de parti travailleront d'oresnavant à forces réunis . . ." Ebenso vom 20. Januar und 12. Mai 1767. Berl. Arch.
[59]) Malzans Bericht vom 19. September 1767. Berl. Arch.

übergehend sein,⁶⁰) erfüllte sich nicht, ihr Bündniß blieb bestehen zum Staunen des preußischen Monarchen, der dies Zusammengehen zweier notorischen Gegner nicht begreifen konnte und vergeblich auf ein neues Hervorbrechen von Butes vermeintlicher Tücke harrte. Nach Chathams Rücktritt fand dann Bute keine Gelegenheit mehr, auf die Entschlüsse seines selbständig gewordenen Herrschers einzuwirken, sein politischer Einfluß war dahin. Erst als das Unglück des dreifachen Krieges — mit Amerika, Frankreich und Spanien — über England hereinbrach und alles in größter Bestürzung nach Hülfe suchte, da trat der Günstling noch einmal mit seinem Rathe hervor. Und wer war es, auf den Lord Bute als den Retter in der Noth seinen König hinwies? Wiederum Graf Chatham.⁶¹) — Damals aber wollte der König den großen Staatsmann, von dessen Bahnen er so weit abgewichen war, um keinen Preis wieder berufen, und außerdem machte dessen baldiger Tod die Befolgung von Butes Rath unmöglich.

Zum Schluß wollen wir noch einmal die Hauptresultate unserer Untersuchung anführen. Es sind folgende:

1. Pitt und Bute verfolgten, trotz mancher Differenzen im Einzelnen, dasselbe große Ziel, die Zerstörung des Factionswesens und Erhöhung der vom König abhängigen ministeriellen Gewalt. Pitt hatte dabei mehr das Wohl der Nation, Bute mehr das seines Herrn im Auge. Durch das gemeinsame Ziel wurden sie immer wieder auf einander hingewiesen und zur Vereinigung gedrängt.

2. Pitts Rücktritt resultirte aus sachlichen Motiven. Dieser Akt zerstörte seine aus Utilitätsgründen, nicht aus innerer Uebereinstimmung geschlossene Verbindung mit der Newcastle-Partei, brachte ihn aber nicht in principiellen Gegensatz zum Hofe Georgs III.

3. Pitt hat auch weiterhin jedes Zusammengehen mit der Newcastle-Partei nur als Nothbehelf angesehen, um große Gefahren abzuwenden, sonst aber jede Parteiverbindung verabscheut.

---

⁶⁰) Finkenstein an Eichel, den 23. August 1766: „Wegen des Ch. Pitt zweifelten Ee. Königl. Majestät, daß er, da ihm das Vertrauen der Nation entzogen werden, sich lange Zeit im Ministère soutenieren würde, indem der König im Grunde des Herzens nicht für ihn portirt wäre, und weil p. Bute lieber mit einem zu thun haben würde, den er gouverniren könnte, als mit p. Pitt, der impérieux wäre und selbst gouverniren wollte." Berl. Arch.

⁶¹) Lecky, Hist. of England in tho 18. Century (übersetzt von Löwe) IV S. 86.

4. Bute ist nur durch die übernommene Verpflichtung, den Frieden herzustellen, zu Pitt in Gegensatz gerathen. Sobald dies Werk vollendet, war es sein hauptsächlichstes Streben, einem Pitt'schen Ministerium den Boden zu ebnen. Seine tyrannischen Maßregeln, die ihm Pitts Mißtrauen eintrugen, sind seinem Mitarbeiter Henry Fox zur Last zu legen, dessen er zur Erfüllung seiner Aufgabe nicht entrathen konnte.

5. Butes Rücktritt nach dem Friedensschluß war von vornherein geplant, er wurde beschleunigt durch die drohende Alliance zwischen Pitt und der Newcastle-Partei.

6. Der Erneuerung des Bundes zwischen Pitt und dem Hofe standen entgegen: auf der einen Seite Lord Temple, auf der anderen der König, von denen jener mit Haß auf Bute, dieser mit Argwohn auf Pitt blickte. Erst nach Trennung der beiden Schwäger und Besiegung dieses Argwohns konnte Pitts Erhebung stattfinden.

7. Pitt hat sich nicht vom König und Bute zur Uebernahme der Cabinetsbildung überreden lassen, es war vielmehr seit langen Jahren sein Ziel gewesen, ohne Verpflichtung gegen eine Partei aus der Hand des Monarchen die Staatsleitung zu erhalten. Seine Erhebung im Jahre 1766 war die endliche Erfüllung seiner Wünsche.

Ich hoffe, mit diesen Resultaten Einiges zum Verständniß der inneren Entwickelung Englands in jener Epoche beigetragen zu haben.

www.ingramcontent.com/pod-product-compliance
Lightning Source LLC
Chambersburg PA
CBHW031349160426
43196CB00007B/793